ROAD TOURIST
ECUADOR
VIAL TURÍSTICO

PRODUGUIAS

ECUADOR 2013

Costa, Sierra
Amazonía y
Galápagos

Coast, Highlands,
Amazon Jungle and
Galapagos Islands

ROAD TOURIST
ECUADOR
VIAL TURÍSTICO

24 PROVINCIAS
Español - Inglés

Con autorización del " INSTITUTO GEOGRÁFICO MILITAR DEL ECUADOR (I.G.M)
Autorización No. IGM-2001-09-042, del 12 de Septiembre del 2001"
Límites Internacionales aprobados por el Ministerio de Relaciones Exteriores,
mediante acuerdo ministerial Octubre del 2001
REGISTRO No. 3002

Urbanización "El Calzado" Cooperativa Luz del Sur
Pasaje S12-25 y Circunvalación San Luis Mz. 9 Lote 109
Teléfono: 2 613-379 / Telefax: 3 111-284
e-mail: produguias@andinanet.net / Quito-Ecuador

PRODUGUIAS

PRODUGUIAS PUBLICACIONES

OBRAS DISPONIBLES / *AVAILABLE BOOKS*
- Guía QUITO Informativo DISTRITO METROPOLITANO, Español - Inglés
- Guía Road Tourist ECUADOR Vial turístico, Español - Inglés
- Guía GUAYAQUIL Informativo MÁS CIUDAD, Español - Inglés
- Guía AMBATO Informativo COSMOPOLITA. Español - Inglés
- Plano Mural Ciudad de Quito, Español - Inglés
- Plano Mural Ciudad de Guayaquil, Español - Inglés
- Plano Mural Ciudad de Ambato, Español - Inglés
- Postcard Tourist QUITO Turístico Postal, Español - Inglés
- Postcard Tourist GUAYAQUIL Turístico Postal, Español - Inglés
- Mapa Físico de la República del Ecuador 1: 1 000.000
- Mapa Político de la República del Ecuador 1: 1 000.000

Diseño Editorial / *Editorial design*
PRODUGUIAS PUBLICACIONES

Dirrección / *Direction*
Patricio Cajo

Diseño, diagramación / *Design, layout*
Vanesa Cajo
Jorge Yánez Cajo

Colaboración / *Cooperation*
Manuel Bahamonde
Consuelo Guallasamín

Impresión / *Printing*
Produguias Publicaciones

Edición 2013/ 2013 Edition
ISBN 9978-41-955-1

Con autorización del Instituto Geográfico Militar del Ecuador
AUTORIZACIÓN No. IGM-2001-09-042, DEL 12 DE SEPTIEMBRE DEL 2001
REGISTRO No. 3002

Authorized by the militar geographic institute
AUTHORIZED No. IGM-2001-09-042, SEPTEMBER 12 OF THE 2001
REGISTER No. 3002

Límites Internacionales aprobados por el Ministerio de Relaciones Exteriores, mediante acuerdo ministerial Octubre del 2001.

International borders aproved by the foreign a ffairs Ministry through October 2001 resolution.

Contenido | Content

Mapas		Maps

Cuadro de Distancias: Señales de Tránsito: preventivas, reglamentarias e informativas.

Distances : *Preventing, informative and In-Force traffic signs.*

Mapa General: Esquema de ubicación de los mapas y simbología.

General Map: *Maps placement scheme and symbols.*

Mapa 0: Islas Galápagos · 0 · **Map 0:** *Galapagos Islands*

Mapa 1: Tulcán, Ibarra, Esmeraldas · 1 · **Map 1:** *Tulcan, Ibarra, Esmeraldas*

Mapa 2: Quito · 2 · **Map 2:** *Quito*

Mapa 3: Nueva Loja, Puerto Francisco de Orellana · 3 · **Map 3:** *Nueva Loja, Port Francisco de Orellana*

Mapa 4: Riobamba, Guaranda, Babahoyo, Portoviejo · 4 · **Map 4:** *Riobamba, Guaranda, Babahoyo, Portoviejo*

Mapa 5: Latacunga, Ambato, Riobamba, Tena, Puyo · 5 · **Map 5:** *Latacunga, Ambato, Riobamba, Tena, Puyo*

Mapa 6: Azogues, Cuenca, Guayaquil · 6 · **Map 6:** *Azogues, Cuenca, Guayaquil*

Mapa 7: Macas · 7 · **Map 7:** *Macas*

Mapa 8: Loja, Zamora, Machala · 8 · **Map 8:** *Loja, Zamora, Machala*

Mapa 9: Loja, Zamora · 9 · **Map 9:** *Loja, Zamora.*

Presentación | *Presentation*

Ecuador Vial Turístico, describe nuestra cultura e idiosincrasia y presenta la recopilación de la información más actualizada y completa, como una referencia del potencial turístico que posee el país. Esperamos que esta se convierta en una obra de utilidad para los usuarios nacionales y los turistas que visitan nuestro Ecuador.

La guía está conformada por textos con información sobre lugares de hospedaje, fechas oficiales de creación de las provincias, capitales provinciales y cabeceras cantorales; un calendario de fiestas populares, cívicas, folclóricas y religiosas. Un inventario de atractivos turísticos por provincia, con la descripción sintética de la característica del lugar que se desee visitar. Además, se encontrará nomenclaturas de Orografía e Hidrografía y ciudades del Ecuador. Una lámina con la simbología general y turística utilizada en la obra, complementada con gráficos de las principales señales de tránsito.

En los mapas, ordenados geográficamente de norte a sur y en secuencia numérica, se hallará la infraestructura vial, acorde con la calidad de la vía y los servicios que brinda, complementada con la distancia aproximada expresada en kilómetros entre poblaciones o puntos importantes.

Road tourist Ecuador, *describes our culture and our way of being and presents the most updated and complete information about the tourist power that this country has. We look forward to this guide becoming useful for national and foreign tourists that visit Ecuador.*

This guide consists of textbooks with information about lodging, official foundations, and a calendar of popular, civic folk and religious festivities. An inventory of tourist attractions in each province, describing characteristics of the place you wish to visit. Moreover, you will find names of mountains and rivers of Ecuador. A chart with tourist and general symbols used in this guide along with graphics of the main traffic sings.

In the maps, geographically ordered from North to South and in number sequence, you will find the road infrastructure according to the quality of the road and the services it provides, complemented by the approximate distance expressed in kilometers between towns and important points.

Toda esta información está disponible en orden alfabético, con su correspondiente coordenada de ubicación en los respectivos mapas.

Un agradecimiento especial para los Ministerios de Turismo, Medio Ambiente, Obras Públicas, Relaciones Exteriores,Función Legislativa, Instituto Geográfico Militar (IGM), Instituto Nacional de Estadísticas y Censos (INEC); así como a todas las instituciones públicas, privadas y personas que con su aporte intelectual y profesional hicieron posible la edición de la obra **"Road Tourist ECUADOR Vial Turístico."**

Los editores

All this information is avaible in alphabetic order with its corresponding location in the maps.

A special acknowledgement for the Minister of Tourism, Environment, Public Work, Legislative Department, Militat Geographic Institute, National Institute of Statics and Census (INEC) as well as for all public and private institutions and people whose intelectual and professional support helped this ediion **"Road Tourist ECUADOR Vial Turístico."**

The Editors

Uso de la Guía	Use of the Guidelook

La simbología general y turística está representada en la primera lámina.

The general and tourist symbols are featured on the first page.

¿Localizar una población?

How to localize a town?

Manta   4 A2
1. Nomenclatura de poblaciones
2. Localizar Manta
3. Buscar el mapa 4
4. Ubicarse en la coordenada A2
5. Localizará en ese cuadrante

Manta   4A2
1. Name of towns
2. Localize Manta
3. Look for map 4
4. Look for A2
5. Localize in the code

¿Localizar un atractivo turístico?

How to localize a tourist attraction?

Santuario   **El Cisne**   8 D4
1. Inventario de atractivos turísticos
2. Buscar página de Santuario
3. Buscar el mapa 8
4. Ubicarse en la Coordenada D4
5. Localizará el atractivo con su símbolo correspondiente en ese cuadrante.

Sanctuary   **El Cisne**   8D4
1. Inventory of tourist attractions
2. Look for page Sanctuary
3. Look for map 8
4. Look for code D4
5. Localize the attraction with its corresponding symbol in that code.

Este procedimiento es general para localizar cualquier contenido de la información que presenta, **"Road Tourist Ecuador Vial Turístico"**.

This procedure is general to find any information that **"Road Tourist Ecuador Vial Turístico"** presents.

Los errores son involuntarios, agradeceríamos informarnos rectificaciones o sugerencias. Su colaboración y aporte irán en beneficio de los usuarios de la guía.

Any mistake here is unwilling, we would really thank you for informing us about rectifications or suggestions. Your cooperation and support will benefit the users of this guide.

Hospedaje

Lodging

Es una referencia acerca de lugares en los que puede hospedarse el turista que llega a Ecuador. Todos los establecimientos se encuentran registrados en el Ministerio de Turismo, y brindan seguridad y confianza en el sitio de preferencia para alojarse.

El catastro está ordenado por provincia y poblaciones que cuenten con establecimientos hoteleros, siguiendo la clasificación del hotel, hostal, hostal-residencia, etc., de lujo, primera y segunda categoría, sin destacar que existen otros establecimientos de menor jerarquía en la ciudad que visite.

It is a reference about the places where you can lodge, all the places are registered in the Minister of Tourism and they also provide safety and reliability.

Lodging is ordered in provinces and populations that have hotels, hostal, inn and so forth ..., lixury, firts category and second category without excluding other hotels that have less category.

Hospedaje | *Lodging*

AZUAY (Código Telefónico 07)

CUENCA

Nombre / *Name*	Dirección / *Address*	Telf. / *Phone*
ALLI TIANA (Hotel 1)	Presidente Córdova y Padre Aguirre	2831844
AMAZONAS (Hostal1)	Madrid y Aran Juez	2839153
AMERICANO (Pensión 2)	Francisco Tamariz 1-14	2837882
ATAHUALPA (Hotel 1)	Sucre 3 50	2826906
BRISTOL (Hostal1)	Hurtado de Mendoza 1 50	2861231
CARIBE INN (Hostal 2)	Gran Colombia 10-51 y P. Aguirre	2835175
CARVALLO (Hotel 1)	Gran Colombia 9-54	2840749
CASA DEL BARRANCO (Hostal 2)	Larga 9-41 y Luis Cordero	2839763
CATEDRAL (Hotel 1)	Padre Aguirre 8 17	2823204
CHAULLABAMBA (Hostería 1)	Kilómetro 12 1/2 Vía Chaullabamba	2875439
CHORDELEG (Hostal1)	Gran Colombia 11 15	2824611
COFRADIA DEL MONJE (Pensión 1)	Presidente Córdova 10 -33	2831251
COLONIAL (Hostal1)	Gran Colombia 10-13 y Padre Aguirre	2841644
CORDERO (Hostal1)	Bolívar 6-50 y Borrero	2832527
CRESPO (Hotel 1)	Calle Larga 7-93	2834937
CUENCA (Hotel 1)	Borrero 10 69	2833711
DOS CHORRERAS (Hostería 1)	km 21 Vía Cajas	4041824
DOS CHORRERAS (Hostería 1)	km 22 vía a Cajas	2853924
DURAN (Hostería 1)	Parroquia Baños	2892485
EL CAJAS (Hostal 2)	Tarqui 7-29 y Sucre	2826627
EL CISNE (Hotel 2)	Av. de Las Américas y Amazonas	2834222
EL CONQUISTADOR (Hotel 1)	Gran Colombia 6 65	2831788
EL CONQUISTADOR SUC. (Hotel 1)	Sucre 6-78 y Borrero	2831788
EL DORADO (Hotel-lujo)	Gran Colombia 7-87	2831390
EL JADE (Motel 1)	Panamericana norte km 13	2 490097
EL MANANTIAL (Hostal1)	Av. España y Núñez de Bonilla	2843060
EL MOLINO (Hostería 1)	Panamericana norte km 7	2875367
EL MONASTERIO (Hos-Res 2)	Padre Aguirre 7-24 y Sucre 6to Piso	2824457
EL PRINCIPE (Hotel 1)	J. Jaramillo 7-82 y Luis Cordero	2821235
EL QUIJOTE (Hotel 1)	Hno. Miguel 9-58 y Gran Colombia	2843197
EMPERADOR (Hotel 2)	Eloy Alfaro 1-43 y Huayna Cápac	2864522
ENSUEÑOS (Hotel 1)	Gran Colombia y Manuel Vega	2844961
ESPAÑA (Hotel 2)	Sangurima 1-17	2834208
EUROPA (Hotel 2)	Gaspar Sangurima 2-55 Tomas Ordóñez	2821030
GALEON INTERNACIONAL	Sangurima 2 42	2831827
HACIENDA EL ALAMO (R. Turist. 2)	Zhucay y km 8 (Tarqui)	
HACIENDA EL CRISTAL (Hostería 1)	Girón Parroquia San Gerardo	2290461
HAMILTON (Hostal 2)	Miguel Heredia 3-07 y Vega Muñoz	2821881
HURTADO DE MENDOZA (Hostal1)	Sangurima y Huayna Cápac	2831909
INCA REAL (Hotel 1)	General Torres 8-40	2823636
ITALIA (Hotel 1)	Av. España y Huayna Cápac	2840060
LA ALBORADA (Hostal 2)	José Joaquín Olmedo 3-92 y Av. España	2871005
LA CASA (Pensión 2)	Hermano Miguel 4-19 y Calle Larga	2837347
LA CASTELLANA (Hostal1)	Luis Cordero 10-47 y Gran Colombia	2827293
LA JOYA (Hostal 2)	Vargas Machuca 9-43 y Bolívar	2844387
LA LUNA (Motel1)	Panamericana Norte km 13	2875005
LA ORQUIDEA (Hostal1)	Borrero 9 31	2824511
LA POSADA DEL REY (Pensión1)	Benigno Malo y Presidente Córdova	

Nombre / *Name*	Dirección / *Address*	Telf. / *Phone*
LAS AMERICAS (Hotel 2)	Mariano Cueva 13-59	2831160
LAS RETAMAS (Motel1)	Panamericana Norte km 7 1/2	2875400
LOS ANGELES (Hostal1)	Octavio Díaz 6-47 y García Moreno	
LOS PINOS (Motel1)	Panamericana Norte km 14	2875898
MANSION ALCAZAR (Hostal1)	Bolívar 12-55 y Tarqui	2823918
MERCHAN (Termas y Balneario 2)	Parroquia Baños	2892493
NUESTRA RESIDENCIA (Pensión 1)	Los Pinos 1-100 y Ordóñez Lasso	2831702
ORO VERDE (Hotel-lujo)	Av. Ordóñez Lasso S/N	2831200
OTORONGO (Apart-Turist. 1)	Av. 12 de Abril y Guayas	2818205
PALEDIUM (Hostal 2)	Av. Ricardo Durán s/n y Calle Vieja	2893001
PAREDES (Hos-Res 2)	Baltazar Serrano 1-17 y Bolívar	2835674
PARIS (Hos-Res 2)	Gral. Torres 10 48	2842656
PASEO REAL Apart-Turist. 1)	Av. de Los Cañaris s/n y Camilo Egas	
PATRIMONIO (Hotel 1)	Bolívar 6 22 y Hermano Miguel	2842163
PICHINCHA INTERNACIONAL (Hostal 2)	Juan Montalvo 9 84 y Gran Colombia	2833695
PINAR DE LAGO (Hotel 1)	Av. Ordóñez Laso S/N	2837339
POSADA DEL ANGEL (Hostal1)	Bolívar 11-14 y Estévez de Toral	2821360
POSADA DEL RIO (Pensión 2)	Hermano Miguel y Calle Larga	2823111
PRADO INN (Hotel 2)	Rocafuerte 3 45	2807164
PRESIDENTE (Hotel 1)	Gran Colombia 6-59	2831066
RODAS (Termas y Balneario 2)	Parroquia Baños	2892161
SAMAY (Hos-Res 2)	Tomas Ordóñez 11 86	2831119
SAN ANDRES (Hostal1)	Gran Colombia 11-106 y Tarqui	2821777
SANTA ANA (Hotel 1)	Presidente Córdova No. 11-49	2848138
SANTA FE (Hos-Res 2)	Borrero 5-57 y Juan Jaramillo	2822025
SANTA LUCIA (Hostal 1)	Antonio Borrero y Mariscal Sucre	2828000
SIBERIA (Hos-Res 2)	Luis Cordero 4 22	2840672
SOL DE PLATA (Pensión 2)	Av. España No. 9-16 y Sevilla	2860359
TOMEBAMBA (Hotel 1)	Bolívar 11 19	2823797
VICTORIA (Hotel 1)	Calle Larga y Borrero	2827401
VILLA DE RIO (Pensión 1)	Av. Paucarbamba y José Peralta	2816204
YANUNCAY (Hotel 1)	Vargas Machuca 1070 y La Mar	2829144

GIRÓN

CHORRO DE GIRON (Hostería 1)	Yanasha del Chorro del Carmen	2830116

GUALACEO

CARLOS ANDRÉS (Hos.-Res. 2)	Gran Colombia y Antonio Delgado	2255379
EL BELEN (Hostal 2)	Jaime Roldós y 9 de Octubre	
MIRADOR DEL RIO (Motel 2)	Vía a Uzhupud, sector Zerta	
MOLINA (Hostal 2)	Calle del Parador y Jaime Roldós	2255048
PARADOR TURÍSTICO DE GUALACEO (Paradero)	Av. del Parador y Calle Loja	2255126

NABÓN

HACIENDA EL HATO (Hostería 2)	Panamericana Sur km 52 Sector el Hato	2811017

PAUTE

CABAÑAS SAN LUIS (Hostería 1)	Abdón Calderón S/N	2250165
HUERTOS UZHUPUD (Hostería 1)	Uzhupud Sector Chican	2250339
UZHUPUD (Albergue 1)	Uzhupud Sector Chican	2250339

SANTA ISABEL

LA MOLIENDA (Hostería 1)	Sector la Unión	2260217
LOS CIRUELOS (Hostería 2)	Vía Girón-Pasaje. km 73	2270377
MIRADOR (Hostal 2)	Simón Bolívar y Tomebamba	2270245
SOL Y AGUA (Hostería 1)	Vía Girón-Pasaje	2270436

BOLÍVAR (Código Telefónico 03)

GUARANDA

Nombre / *Name*	Dirección / *Address*	Telf. / *Phone*
BALCON CUENCANO (Hostal 2)	Sucre y Olmedo	2981268
COCHABAMBA (Hostal 2)	García Moreno y 7 de Mayo	2981958
DE LAS FLORES (Hostal 2)	Pichincha 402 y Rocafuerte	2984396
EJECUTIVO LA BAHIA (Hos-Res 2)	García Moreno 803 y 9 de Abril	2980044
EL MARQUEZ (Hostal 2)	10 de Agosto y Eloy Alfaro	2981306
LA COLINA (Hostal 1)	Av. Guayaquil 117 y Av. Rodríguez	2980666
LOS ESPEJOS	García Moreno s/n y 9 e Mayo	2981968
TAMBO LIBERTADOR (Hostal 1)	Av. Guayaquil s/n frente comando de Policía	2980634

SALINAS

Nombre / *Name*	Dirección / *Address*	Telf. / *Phone*
EL REFUGIO (Hostería 2)	Salinas, población	099731975

SAN MIGUEL

Nombre / *Name*	Dirección / *Address*	Telf. / *Phone*
CAMINO REAL (Hostal 2)	Av. Los Héroes y Josefina Barba	099579607
CASCADA MILAGROSA (Hostería 2)	Via a Babahoyo km 64	2656726
EL SOCAVON (Cabaña 1)	Via Santa Fe km 2	2980930
LA GRUTA (Hostal 2)	Bolívar s/n y Pichincha	2989042
TAMBO ANDINO (Hostería 2)	Sector La Comunidad Km1	2989386

CAÑAR (Código Telefónico 07)

AZOGUES

Nombre / *Name*	Dirección / *Address*	Telf. / *Phone*
EL PARAISO (Hotel 2)	Alberto Ochoa y Av. Miguel Veintimilla	2244729
RIVERA (Hostal 2)	Av. 24 de Mayo y 10 de Agosto	2248113
SAGEO (Hostería 2)	San Francisco de Sageo km 3	2241928
SANTA MARIA INTERNACIONAL (Hostal 2)	Serrano y Emilio Abad	2241883

CAÑAR

Nombre / *Name*	Dirección / *Address*	Telf. / *Phone*
B y V (Termas y Balneario 1)	Cañar, área rural	2235232
POSADA INGAPIRCA (Albergue 2)	Sector Ingapirca	
SAN VALENTIN (Motel 2)	Autopista Azoguez-Biblián	2224856
VERDUGOS (Hostal 2)	Pampa Veintimilla	

LA TRONCAL

Nombre / *Name*	Dirección / *Address*	Telf. / *Phone*
BRISTO (Hostal 2)	José Peralta s/n y Calle del Zafrero	2422394
CALIFORNIA (Hostal 1)	Av. 25 de Agosto S/N	2722526
LA MERCED (Hostería 1)	Vía Duran Tambo km 78	2410005
LAS AZUCENAS (Hostal 2)	Av.25 de Agosto y Julio Maria Matovelle	2420711
SU MAJESTAD (Hotel 2)	Av.25 de Agosto 14-31	2420376

CARCHI (Código Telefónico 06)

TULCÁN

Nombre / *Name*	Dirección / *Address*	Telf. / *Phone*
ALEJANDRA (Hos-Res 2)	Sucre y Quito	2981784
AZTECA (Hotel 2)	Bolívar y Atahualpa	2981447
CABANAS GENESIS (Motel 2)	Av. Expreso Oriental s/n	2987647
CALIFORNIA	Av. Expreso Oriental Norte	2985611
LESLY	Av. San Francisco y Pablo Vela	2986519

Nombre / *Name*	Dirección / *Address*	Telf. / *Phone*
LUMAR (Hos-Res 2)	Sucre y Rocafuerte	2980402
MACHADO (Hostal 1)	Ayacucho 4-03 y Bolívar	2984221
PARK (Hos-Res 2)	Bolívar s/n y Juan Rafael Arellano	2987325
ROSSY (Hos-Res 2)	Cuenca y Roberto Sierra	2981476
RUMICHACA (Hotel 2)	Puente Internacional Rumichaca	
SAENZ INTERNACIONAL (Hos-Res 2)	Sucre y Rocafuerte Esq.	2981916
SARA ESPÍNDOLA (Hotel 1)	Sucre y Ayacucho (Esq.)	2985925
SAUNA FIVE STARS IN (Termas y Balneario 1)	Sucre 54-054 y Uruguay	2981775
SAUNA FUENTE AZUL (Termas y Balneario 2)	Rocafuerte y Bolívar	2981640
TORRES de ORO INTERNACIONAL (Hostal 1)	Sucre y Rocafuerte	2980296
UNICORNIO (Hostal 1)	Sucre 40-079 y Pichincha	2982713

ESPEJO

EL ANGEL (Hostería 2)	Pana Norte y Tres Tolas	2977584
EL POLYLEPIS (Hostería 1)	Reserva Ecológica El Ángel	2954009
PAZ y MONTANA (Hostería 2)	Piscícola El Ángel Km22 Vía a Morán	099923610

CHIMBORAZO (Código Telefónico 03)

RIOBAMBA

ABRASPUNGO (Hostería 1)	Vía Guano km 3 Sector Las Abras	2940820
CAMINO REAL (Hostal 1)	Av. La Prensa s/n y Calle D	2962365
CANADA (Hostal 1)	Ave. La Prensa 23-31 y Av. D L B	2946667
CERRO BLANCO (Hostería 2)	Rumipamba km 19	2933217
CERRO VIEJO (Paradero 2)	Vía Chimborazo km 24	2962412
CHIMBORAZO INTERNACIONAL (Hotel 1)	Los Nogales y Argentinos	2963475
EL ALTAR(Hostal 2)	Ave. El Altar y Sultana de Los Andes	2964872
EL CISNE (Hotel 1)	Daniel León Borja y Duchicela	2941980
EL GALPON (Hotel 1)	Argentinos y Carlos Zambrano	2960981
EL LIBERTADOR (Hotel 2)	Daniel León Borja y Carabobo	2964116
EL MOLINO (Hotel 1)	Duchicela 42-13 y Unidad Nacional	2944962
EL PARAISO (Motel 2)	Panamericana Norte km 41/2	2945936
EL TORIL (Hostería 1)	Vía a Baños km 1	2942057
EL TROJE (Hostería 1)	Vía a Chambo km 41/2	2960826
ESTRELLA DEL CHIMBORAZO (Albergue 1)	Comunidad Pulingui San Pablo	2964915
ESTRELLA DEL CHIMBORAZO (Albergue 1)	Comunidad Pulinguí, San Pablo	2964915
GLAMOUR (Hostal 1)	Primera Constituyente y Brasil	2944406
HUMBOLTH (Hostal 2)	Ave. D. León Borja 35-48 y Uruguay	2940814
IMPERIAL (Hos-Res 2)	Rocafuerte 22-12 y 10 de Agosto	2960429
INTI RAYMI (Hos-Res 2)	Uruguay 26-41 y Junín	2960531
LA ANDALUZA Hostería 1)	Panamericana Norte km 16	2949371
LA COLINA (Pensión 1)	Panamericana Sur Km1	2930891
LA COLINA DEL RIO(Hostal 2)	11 de Noviembre y Ricardo Descalzi	2602789
LA ESTACION(Hostal 2)	Av. Unidad Nacional 29-15 y Carabobo	2955226
LA ROSA DE HOLANDA (Hostería 2)	Barrio Rosas Pamba, vía a Chambo	
LAS ACACIAS (Hostal 2)	Río Palora No 3 Santiago	2600790
LOS ALAMOS (Hos-Res 2)	Sant Amount Montrond y José Lizarzaburu	2967386
LOS SHIRIS (Hos-Res 2)	Rocafuerte 21-60 y 10 de Agosto	2960323
MAJESTIC (Hostal 2)	Av. Daniel León Borja 43-60 y la 44	2968708
MANABI (Hotel 2)	Colón 19-58 y Olmedo	2967967
MANANTIAL (Hostal 2)	Carabobo 28-50 y Villarroel	2944596
MASHANY (Hostal 1)	Veloz 4173y Diego Donoso	2942914
MONTECARLO (Hostal 1)	10 de Agosto 25-41 y García Moreno	2960557
MONTES DELA CRUZ (Pensión 1)	Gonzalo Dávalos 37-93 y Teniente Latus	2965380
PALERMOTEL (Motel 2)	Panamericana Norte km 31/2	2963627
PUERTAS DEL SOL (Hostal 1)	Cordovez 22-30 y Espejo	2952569
RINCON ALEMAN (Hostal 1)	Remigio Romero Mz H Casa 9 Cdla. Arupos	2603540
RIOBAMBA INN (Hotel 2)	Carabobo 23-20 y Primera Constituyente	2961696

Nombre / *Name*	Dirección / *Address*	Telf. / *Phone*
RIOROMA SUITES (Hostal 1)	Cdla. Sultana de Los Andes	2948925
ROCIO (Hos-Res 2)	Brasil 21-68 y Ave Daniel León Borja	2961848
ROYALTY (Hostal 2)	Av. Lizarzaburi 51-84	2963627
SUSY (Hostal 2)	Av. Atahualpa s/n y Calpi	096144786
TREN DORADO (Hostal 2)	Carabobo 22-35 y 10 de Agosto	2964890
WHYMPER (Hostal 2)	Miguel Ángel León 23-10 y Primera Constituyente	2964575
ZEUS (Hotel 1)	Daniel León Borja y Duchicela	2968037

ALAUSÍ

ETERNA PRIMAVERA (Hostería 2)	Huigra	2938057
LA CASA DEL ARBOL (C. Turístico 1)	Vía Bucay-Pallatanga. km 14	088992440
LA COLINA (Pensión 2)	Panamericana Sur km 1	2930981
PIRCAPAMBA (Hostería 1)	Sector Pircapamba km 12	2930001
POSADA DE LAS NUBES (Hostería 1)	Conventillo km 11	2930535
SAN PEDRO (Hostal-Res 2)	5 de Junio s/n y 9 de Octubre	2930089
VIEJA CASONA (Hostería 1)	Mariana Muñoz de Ayala s/n y Brasil	2930161

CHAMBO

JATUN QUILLA SHAYANA (Cabaña 1)	Aníbal Vela s/n y Riobamba	2910059
LA PAMPA (Hostería 2)	Catequilla Titaycún	099731494

GUAMOTE

RAMADA INTERNACIONAL (Hotel-Res 2)	Aníbal Vela s/n y Riobamba	2916242

GUANO

LA ANDALUZA (Hostería 1)	Panamericana Norte km 16, Chuquipogyo	2949370
LOS EUCALIPTOS (Hostería 1)	Panamericana Norte km 14	2964582
LOS EUCALIPTOS (Hostería 1)	Panamericana Norte, San Pablo	2904419
PORTON ANDINO (Hostería 1)	San Pablo km 13 - San Andrés	2904636
QUINTA KAREN ESTEFANIA(Hostería 1)	Esmeraldas 161 y Asunción	2900040
SAN ANDRES (Hotel 2)	Panamericana Norte km 7, San Andrés	2905000

PALLATANGA

ECOVITA ORGANIC CAMPING & FARM (Campamento Turístico 2)	Km139 Vía a Riobamba	2919286
EL PEDREGAL (Hostería 1)	km1 1/2 Vía a Pilchipamba	2919649
EL VALLE (Hostería 2)	Vía Principal km 2	2919216
LOS LLANOS (Hostería 1)	Sector Los Llanos	2326337
SILLAGOTO (Hostería 1)	Panamericana Sur km 23	2100610

COTOPAXI (Código Telefónico 03)

LATACUNGA

ARISTO (Motel 1)	Panamericana su km 8.5	2660350
CENTRAL (Hostal 2)	Sánchez de Orellana y P. Salcedo	
COTOPAXI (Hos-Res 2)	Padre Salcedo 5-61 y Sánchez Orellana	2801310
CUELLO DE LUNA (Hostería 2)	Panamericana Sur km 65	099727535
DESCANSO TILIPULITO (Hostería 1)	Poaló, subcentro de salud	2265084
EL ALAMO (Hostal 2)	20 de Mayo y J. Echeverría	
EL GRAN RADIZON (Hostal- Res. 2)	Av. Amazonas 513 y Guayaquil	2803436
EL MARQUEZ (Hostal 1)	Marques de Maenza y Rooselvet	2813487
LA CIENEGA (Hostería 1)	Hcda. La Ciénega Lasso km 72	2719182
LA POSADA DEL REY (Hostería 2)	Panamericana Sur km 20	
LA QUINTA COLORADA (Hostería 2)	Loma de Pucara Vía Sigchos	

Nombre / *Name*	Dirección / *Address*	Telf. / *Phone*
LAIGUA (Hostería 2)	Calle Principal	2813331
LOS SAUCES (Motel 1)	Av. Unidad Nacional s/n y Niagara	
PLAZA REAL (Hostal- Res. 2)	Guayaquil 120 y Napo	2811940
QUILOTOA (Pensión 2)	Eloy Alfaro y Julio Andrade	
REFUGIO JOSE F. RIVAS (Refugio 2)	Parque Nacional Cotopaxi	
RODELU (Hostal 2)	Quito 7341 y Padre Salcedo	2812341
ROSIM (Hos-Res 1)	Quito 7335 y Padre Salcedo	2802172
SAN AGUSTIN DEL CALLO (Hostería 1)	Vía Mulaló, hacienda San Agustín Del Callo	
SAN KUIS (Hotel 1)	Flavio Alfaro y Eloy Alfaro	2801911

LA MANÁ

INTERNACIONAL (Hotel 2)	Av. 19 de Mayo y Zacarías Pérez	2827864
LA HERRADURA (Hos-Res 2)	19 de Mayo, Barrio Los Álamos	2688398
SOMAGG (Hotel 2)	Av. América 213 y Quito	2688534

PUJILÍ

LA POSADA DE TIGUA (Hostería 2)	Comuna Rumichaca (Quilotoa)	

SALCEDO

DEL RIO (Motel 2)	Hacienda San Luis	
RUMIPAMBA DE LAS ROSAS (Hostería 1)	Panamericana Sur km 100	2727103

SAQUISILÍ

EL CASTILLO (Motel 1)	Partidero a Saquisilí	098337485
GILO CARMELO (Hostería 2)	Chimborazo y Bartolomé de Las Casas	2721634
SAN CARLOS (Hos-Res 2)	Bolívar (Parque La Concordia)	2721051

SIGCHOS

THE BLACK SHEEPING (Hostería 2)	Sector Guatugloma	2814587

EL ORO (Código Telefónico 07)

MACHALA

ACOSTA (Hostal 1)	Municipalidad y Gonzalo Córdova	2928443
AVENIDA (Hotel-Res. 2)	25 de Junio y Colón	
BOLIVAR INTERNACIONAL (Hos-Res 1)	Colón y Bolívar	2930727
CALIFORNIA (Motel 2)	Vía La Primavera km 1 1/2	097316388
CALIFORNIA (Pensión 2)	Marcel Laniado y Buenavista	2922144
CENTRO HOTEL (Hotel 1)	Sucre y Guayas	2931640
COCO VICHE (Termas y Balneario 2)	Circunvalación norte	
CUMANDA (Hostal-Res. 2)	Boyacá 822 y Páez	
DALTON (Motel 1)	Vía Primavera km 1.5	
EL EJECUTIVO (Hostal 1)	Sucre y 9 de Mayo Esq.	2933992
EMICHAL (Hostal-Res. 1)	25 de Junio 335 y 23 de Abril	
ESTEFANIA (Hos-Res 2)	Calle Pasaje E/ 9 de Mayo y Juan Montalvo	2960087
GRAND HOTEL AMERICANO (Hotel 1)	9 de Octubre y Tarqui	2966401
INES (Hotel-Res 2)	Boyacá y Juan Montalvo	2932301
LOS ALMENDROS (Motel 2)	Vía Puerto Grande	
MADRID (Hostal 2)	9 de Octubre y Guayas	
MARSELLA (Hostal 2)	Av. Las Palmeras y 9 de Octubre	2935577
MATRO (Hostal-Res. 2)	Colón y Gral. Serrano	
MERCY (Hos-Res 2)	Junín y Sucre	
MIAMI SUITE (Motel 2)	Vía Primavera km 1.5	2929505
MIRAMAR (Hotel 2)	Av. Las Palmeras y Circunv. Sur	

Nombre / *Name*	Dirección / *Address*	Telf. / *Phone*
MONTECARLO (Hotel 1)	Guayas y Olmedo	2933462
ORO HOTEL (Hotel 1)	Sucre y Juan Montalvo, Esquina	2930032
ORO VERDE (Hotel Lujo)	Circunvalación Norte y Vehicular 7	
PERLA DEL PACIFICO (Hotel 1)	Sucre 826 y Páez	
PUERTO AVENTURA (Hostal-Res. 2)	Marcelo Laniado y Babahoyo	
RCA (Hotel 2)	Boyacá y Juan Montalvo	
REGAL (Hotel 1)	Bolívar E/ Guayas Y Ayacucho	2960000
RIZZO (Hotel 1)	Guayas E/Bolívar y Pichincha	
ROYAL (Hotel-Res 1)	Junín E/ Sucre y Olmedo	2960449
SALOAH (Hostal 1)	Colón 1818 y Rocafuerte	2934344
SAN FRANCISCO (Hotel 1)	Tarqui E/Sucre y Olmedo	2930457
SAN MIGUEL (Hos-Res 2)	9 de Mayo y Sucre	2920474
SOLAR DEL PUERTO (Hostal 1)	Gonzalo Córdova y Rocafuerte Esquina (Puerto Bolívar)	2928793
TERRA VERDI (Centro Turístico 1)	Vía al Retiro	
VEUXOR (Hostal 1)	Bolívar y Juan Montalvo	

ARENILLAS

D'PARADISE INN (Motel 1)	Vía Huaquillas-Arenillas, km 4 1/2	
DALLAS (Motel 2)	Vía Arenillas Huaquillas	
IMPERIAL (Hostal 2)	Guayaquil y Av. Ing. Dávila	

BALSAS

CASA GRANDE (Hostería 1)	Liceo Romero y 4 de Octubre	

EL GUABO

CASA GRANDE (Termas y Balneario 1)	"Y" de Tillales, vía al Guabo	
EL PARAISO (Hotel 1)	Vía a Guayaquil	
NIDO DE AMOR (Motel 2)	Km 1 Vía a Guayaquil	

HUAQUILLAS

HERNACOR (Hostal 1)	1 de Mayo y Av. Hualtaco	2997152
HOSTAL L' MONED (Hostal 1)	Arenillas y Teniente Cordovez	2995068
LIMA (Hotel 2)	Portovelo y Machala	2907262
LOS JARDINES (Motel 2)	Vía Arenillas/Huaquillas	
LOS MANGOS (Motel 2)	km 2 Vía Huaquillas/ Arenillas	
MINI (Hostal 2)	Tnte. Cordovez Rocafuerte	2995079
RODEY (Hostal 2)	Tnte. Cordovez 331 y 10 de Agosto	2996736
VANESSA (Hostal 1)	1 de Mayo/ Av. Hualtaco	

MARCABELI

M y J (Hostal 2)	Imbabura s/n y Segundo León	

PASAJE

DELFIN (Centro Turístico lujo)	Vía Machala-Pasaje	2913427
HAPPY HOUSE (Termas y Balneario 2)	Eloy Alfaro y Pichincha	
INTERNACIONAL (Hostal 2)	Ochoa León y Azuay	
LAS CABAÑAS DE JAVIER (Centro Turístico 2)	Sitio Calichana el Aserrío	
LOS ANGELOS DE LAS BRISAS (Termas y Balneario 2)	Ciudadela Las Brisas, Buena Vista	
SAN LUIS (Hostería 2)	Km7 Vía a Cuenca	
TERRA VERDI (Centro Turístico 1)	Vía al Retiro, hacienda Banasur	

PIÑAS

CASA ARASSARI (Pensión 1)	Av. La Independencia	
CIUDAD DE PIÑAS (Hostal 1)	Sucre y Héroes de Panupali	2977788

Nombre / *Name*	Dirección / *Address*	Telf. / *Phone*
EL PARAISO (Hostería 2)	Parroquia Moromoro	
MANANTIAL (Hostería 2)	Vía a Piñas, sitio Los Naranjos	
SELVA ALEGRE (Termas y Balneario 2)	Sitio Platanillos Sitio Tarapal, vía a	
TARAPAL (Termas y Balneario 2)	San Roque	2976903

PORTOVELO

PINDO IMPERIAL (Centro Turístico 2)	Portovelo, vía a Loja, El Pindo	

SANTA ROSA

ALEXIA QUEEN (Pensión 1)	Sucre y Vega Dávila	
CASA EN LA LUNA (Motel 2)	Jambelí	
EL FARO SPA (Hostería 1)	Punta El Faro, Isla Jambelí	
MAGMA SUITES (Hostal 2)	Eloy Alfaro y Sucre	2945994
MARIA SOL (Hostal 2)	Jambelí	
SANTA ROSA (Hostal 2)	Colón y Vega Dávila	

ZARUMA

AGUILA DORADA (Hostal 2)	Sucre 154-156	2972755
BLACIO (Hostal-Res 1)	Av. El Sexmo y Sucre	
CABANAS DE SAN JUAN (Hostería 2)	Parroquia Guizaguiña, San Juan	
EL JARDIN (Hostería 2)	Av. Isidro Ayora, barrio Limoncito	
ROLAND (Hostal 2	Alonso de Mercadillo	2972703
ROMERIA (Hostal 2)	Plaza la Independencia 045 y 9 de Octubre	

ESMERALDAS (Código Telefónico 06)

ESMERALDAS

ACHIRUBE (Hostería 2)	Achirube	096310945
AMBATO (Hostal 2)	Av. Kennedy y Guerra	2721142
AMERICANO (Hos-Res 2)	Sucre y Manuela Cañizares	2723768
ANDRES (Hos-Res 2)	Calle Sucre No. 812 Y Piedrahíta	2725883
CAYAPAS (Hostal 1)	Av. Kennedy 401 y Valdez	2721319
CHALET REAL (Hotel 2)	Av. Olmedo y Salinas	2710613
COSTA ESMERALDAS INN (Hos-Res 2)	Sucre y Bolívar	2720450
COSTA VERDE (Apart-Turis 1)	L. Tello 809 E Hilda Padilla	2728714
DEL MAR (Hotel 2)	Av. Kennedy Las Palmas	2723707
EL CISNE (Hostal 2)	10 de Agosto y Olmedo	2723411
EL MODERNO (Motel 2)	Cdla. La Victoria Calle Principal	2701273
EL NUEVO BARRACON (Hostal 2)	Av. Olmedo 1100 y Rocafuerte	2726976
EL PRADERA (Hostería 1)	km7 ½ vía Atacames	2700228
EL TREBOL (Hos-Res 2)	M. Cañizares No.120 y Bolívar	2720423
ESMERALDAS APART-HOTEL (Hotel 1)	Av. Lib. 407 Ramón Tello	2728700
ESTUARIO (Hotel 2)	Av. Libertador y Gran Colombia	2720393
HAMBURGO (Pensión 2)	Quito Entre Sucre y Olmedo	2710171
JAMBIR (Pensión 2)	Av. Libertador y Espejo	2721791
PALM BEACH (Hotel 1)	Av. Kennedy y Simón Plata Torres	2728708
PERLA VERDE(Hotel 2)	Piedrahíta y Olmedo	2723820
ROMA (Hostal 2)	Olmedo 312 y Piedrahíta	2727909

ATACAMES

ALDEA MAR (Hos-Res 2)	Las Acacias Junto Al Reten Naval	2731676
ALFA Y OMEGA (Hos-Res 2)	21 de Noviembre y Malecón del Río	2731213
ALTA GRACIA (Pensión 2)	Ingreso A La Playa	
ANDY INTERNACIONAL (Hotel 1)	Los Ostiones Entrada a la Playa	2760221
ARCO IRIS (Cabaña 1)	Playa	2731069

Nombre / *Name*	Dirección / *Address*	Telf. / *Phone*
ARENAS DORADAS (Cabaña 2)	Entrada Playa Ancha, Tonsupa	2731542
ARIOS (Hostal 2)	Barrio Nueva Granada	2760701
ARUBA (Hostal 2)	Barrio Nueva Granada	2730046
ATACAMES IN (Hostal 2)	Las Acacias	2731044
ATACAMES INN 2(Hos-Res 2)	Malecón Playa	2731778
ATACAMES NUEVO HOTEL (Hostal 2)	9 de Octubre P. Peatonal	2731020
AZUCENA (Hostal 2)	Las Acacias	2730205
AZUL PACIFICO (Cabaña 1)	Castelnuovo vía Atacames	2731203
BANOS Y R. TONSUPA (Hostería 2)	Vía Atacames	2710125
BELLA ITALIA (Hotel 2)	San Carlos, Tonsupa, El Comercio	095887280
BENICASIN (Pensión 2)	Entrada A La Playa	2731157
BOGA (Apar-Turis 1)	Playa Ancha, Tonsupa	2735112
BOULEVARD (Pensión 2)	Malecón del Río	2760091
BRISAZUL (Apar-Turis 1)	Sector Miramar Calle D	2730092
CABAPLAN (Cabaña 2)	Playa Ancha, Tonsupa	2735233
CABO BLANCO (Hostería 2)	Playa Ancha, Tonsupa	2731407
CAIDA DEL SOL (Cabaña 2)	Malecón del Río	2731479
CALIFORNIA (Hos-Res 2)	Las Acacias	2731651
CAMINO REAL (Pensión 2)	Bocana Playa	
CANAIMA CORAL (Cabaña 2)	San Carlos Malecón, Tonsupa	2731172
CARIBE (Cabaña 2)	Playa Ancha, Tonsupa	2735183
CARMITA (Pensión 2)	Las Taguas y Malecón	2731268
CASA BLANCA (Hostal 1)	Barrio Nueva Granada	2731096
CASA BLANCA (Hostería 1)	Nueva Granada	2731096
CASA DEL MAR (Pensión 1)	Malecón, Tonsupa	2735236
CASA NOSTRA (Pensión 2)	Malecón del Río	2760733
CASAS DEL MAR AZUL (Apar-Turis 2)	Huertos Familiares Entrada del Club Del Pacífico	2730040
CASTELLMAR (Apar-Turis 1)	Playa Ancha, Tonsupa	2731558
CASTELNUVO (Hotel 1)	Playa km 25 Atacames	2731046
CAYAPAS (Cabaña 2)	Entrada Principal	2731047
CHAGRA RAMOR (Hotel 2)	Playa	2731006
CHAVALITO (Hos-Res 2)	Malecón del Río	2731113
CIELO AZUL (Apart-Turis 2)	Calle 21 de Nov. y Las Acacias Diagonal Estadio	2731813
CLINTON (Pensión 2)	Malecón	2734048
CLUB SAN MARINO (Hotel 2)	Entrada Castelnuovo	2735245
CLUB SEL SOL (Hotel 1)	Entrada A La Playa	2731281
COCOBAMBA (Cabaña 1)	Junto Al Municipio	2730058
COSTA DORADA (Hos-Res 2)	Las Acacias	
COSTA y SOL (Pensión 1)	Entrada Playa Ancha, Tonsupa	2735242
D ' LUIS (Cabaña 1)	Playa Ancha, Tonsupa	2731562
DELICIAS DEL MAR (Hostal 2)	Entrada A La Playa	2731014
ECO TROPIC (Hostal 2)	Vía Atacames, Tonsupa	2735227
EL ACANTILADO (Hostería 2)	km 35 Vía Muisne	2453606
EL ALEMAN DER ALTE FRITZ (Hostal 2)	Malecón Playa	2731610
EL BOSQUE (Cabaña 2)	Castelnuovo Playa	2731032
EL COCO (Hostal 2)	Las Acacias	2731285
EL CONDADO (Pensión 2)	Puente Peatonal	
EL DORADO (Hostal 2)	Barrio Las Acacias	2731666
EL MORRO (Apart-Turis 1)	Calle Principal	2731456
EL PEDREGAL (Hostal 2)	9 de Octubre P. Peatonal	2731099
EL PIRATA (Pensión 1)	Cooperativa Atacames, Tonsupa	2735099
EL RAMPIRALI (Cabaña 1)	Playa de Same	2733299
ELICIOS (Hotel 2)	Barrio Nueva Granada	2731258
EMERJTA (Cabaña 2)	San Carlos, Tonsupa	2731210
ESPANA 1 (Hotel 2)	Playa Azul Brisas del Mar	099467655
ESPEJO (Cabaña 2)	Playa Ancha, Tonsupa	2731554
ESTRELLA DEL MAR (Apar-Turis 2)	Playa Ancha, Tonsupa	2656718
FLAMINGO (Hos-Res 1)	Playa Ancha, Tonsupa	2731560
GAVIOTA CABANAS (Cabaña 2)	Transversal Los Almendros	2731315
GRAN PARAISO (Hotel 2)	Vía Súa	2731452
GUAJIRA (Pensión 2)	Las Acacias y Malecón	2731278

Nombre / *Name*	Dirección / *Address*	Telf. / *Phone*
HOLAS (Hotel-Res. 2)	Av. Juan Montalvo y Luis Tello	
IPANEMA (Cabaña 2)	Entrada Cabaplan	2731338
ISLAS DEL SOL (Cabaña 2)	Playa de Same	2733470
J B (Hotel 2)	Calle Nueva Granada	2730051
J B 2 HOTEL (Hotel-Res 2)	Transversal Playa	2731803
JARDINES (Cabaña 2)	Entrada A La Playa	2731181
JEAN PIERRE (Cabaña 2)	Castelnuovo	2731352
JENNIFER (Hostal 2)	Transversal La Playa	2731055
JUAN SEBASTIAN (Hotel 1)	Malecón Playa	2730030
KEMARIOS (Pensión 2)	Diagonal a Torre Sol	084121409
LA ALDEA (Cabaña 2)	Playa	2731424
LA ALDEA 1 (Hos-Res 2)	Entrada A La Playa	2730017
LA BASTILLE (Pensión 2)	Las Taguas y Malecón	2731539
LA CAMPIÑA (Cabaña 1)	Playa Ancha, Tonsupa	2731562
LA CASA DE ESPERANZA (Apar-Turis 1)	Calle 6 E Intersección 6	2730179
LA CASA DEL MANGLAR (Pensión 2)	Ingreso a la playa	2731464
LA ESTANCIA DE COCOBAMBA (Hostería 2)	Sector de Cocobamba Atrás del Municipio	2731093
LA MARIMBA (Apart-Turis 1)	Urb. La Perla	2731320
LA PERLA (Hos-Res 2)	Transversal Playa	2730059
LA POSADA (Pensión 1)	Roberto L. Cervantes Av. Principal	2760283
LA TOLITA (Hostal 2)	Playa Ancha, Tonsupa	2735234
LAS BUGANVILLAS (Hos-Res 2)	Playa	2731008
LAS CANARIAS (Cabaña 2)	Transversal Playa	2730216
LAS CHIQUIS (Cabaña 2)	San Carlos	2731332
LAS CORBELLAS (Cabaña 2)	Cabaplan	2735028
LAS IGUANAS (Hostería 2)	Recinto Salinas a 5 km	097314249
LAS PALMERAS (Cabaña 2)	Playa Ancha, Tonsupa	2731443
LAS SUPER MENESTRAS (Cabaña 1)	21 de Noviembre Al Lado del 2007	2760738
LAS VEGAS (Hos-Res 2)	Av. Principal Centro	2731039
LE CASTELLI (Hotel 1)	Playa	2731408
LOS BALCONES (Pensión 2)	Entrada San Carlos, Tonsupa	
LOS BOHIOS (Cabaña 2)	Entrada A La Playa	2731089
LOS CLINTON (Pensión 2)	Malecón	2734048
LOS JARDINES (Cabaña 2)	Ingreso a la playa	2731181
LOS PONDOS (Cabaña 2)	Entrada 1ra Gasolinera, Tonsupa	2731264
LUZ DEL PACIFICO (Cabaña 2)	Vía Atacames	2731422
LUZ Y MAR (Pensión 2)	Barrio La Granada	2731969
MALECON INN (Hotel-Res 2)	Malecón y Calle Súa Playa	2761198
MAMBO (Pensión 2)	Playa Ancha	
MAR AZUL (Hostal-Res. 2)	Entrada Cabaplan, Tonsupa	
MARBELLA (Cabaña 2)	Transversal Playa	2731129
MARCOS ROOM (Pensión 2)	Malecón Playa	2731515
MARIA CORINA (Hostal 2)	Las Acacias Entrada Playa	2731302
MARJORIE (Hotel 2)	Barrio Nueva Granada	2731288
MARLOLI (Cabaña 2)	Entrada Playa Ancha, Tonsupa	
MARRAQUECH (Ciudad vacacional 1)	Playa de Same	2733467
MARY MAR (Cabaña 2)	Entrada Principal	2731471
MICNIA`S (Pensión 1)	Playa Ancha Transversal	2735057
MIRAMAR (Pensión 1)	Malecón, Tonsupa	2731585
MIRAVALLE (Hostal 2)	Las Acacias Entrada Playa	2731138
NUEVA GRANADA (Hostal 2)	Barrio Nueva Granada	2731399
OASIS DE SIWA (Cabaña 2)	Luis Tello y Pasaje	2731347
OCEANO (Hos-Res 2)	Transversal Playa	2731244
OLYMPUS (Hotel-Apart 1)	Calle C Sector del Club del Pacifico	2731311
ORO BLANCO (Hostal 2)	Malecón del Río	2730153
PACIFICO CLUB RESORT (Hostería 1)	Playa Ancha, Tonsupa	2735186
PACO FOCO (Hostal 2)	Entrada A La Playa	2731076
PALMERA REAL (Hostería 2)	Calle A Urb. La Perla	2731578
PENON DE SUA (Hostal 2)	Transversal	2734036
PERLA MARINA (Hostal 1)	Entrada A Cabaplan	2291081
PIRATA PICAFLOR (Hostal 2)	Paralela Al Malecón	09908084

Nombre / Name	Dirección / Address	Telf. / Phone
PLATA TONSUPA (Hostal 2)	San Carlos, Tonsupa	2731214
PLAYA AZUL (Cabaña 2)	Playa Ancha, Tonsupa	2821462
PLAYA CANELA (Hostal-Res. 2)	Malecón de la playa y Coral Negro	
PLAYA DEL SOL (Cabaña 2)	San Carlos, Tonsupa	
PLAYA HERMOSA (Hostería 1)	Malecón	2731518
PLAZA (Hos-Res 2)	Transversal Palmeras y Malecón	2731036
POCHITOS (Pensión 2)	Malecón Playa	2731941
PRINCESS MAR (Hos-Res 2)	Entrada A Playa Ancha	2735118
PUERTO BALLESTA (Hostería 2)	Playa Ancha, Tonsupa	2735095
PUERTO GAVIOTA (Hostería 2)	Club del Pacífico	2735103
PUERTO MANGLAR (Hotel 1)	Malecón del Río	2731910
PUERTO PELICANO (Hostería 2)	Calle Principal Club del Pacífico Frente A La Playa	2730125
PUERTO PLATA (Cabaña 1)	Castelnuovo	
PUNTO VERDE (Hos-Res 2)	Entrada A Cabaplan (Derecha)	
REAL (Hos-Res 2)	Malecón La Playa	2730122
RIANDY INTERNACIONALÍ (Hostal 2)	Las Acacias	2731247
RINSAN (Pensión 2)	Malecón Playa	2731609
ROGERS (Cabaña 2)	Vía Súa	2731041
ROSSMARG (Hos-Res 2)	Malecón Playa	2731512
SALDUBA (Cabaña 2)	Calle Seis s/n Entrada A Torresol	096155025
SAMBAYE (Hostal 2)	Malecón Playa	2731410
SAME (Cabaña 2)	Barrio La Candelaria	099666385
SAN IGNACIO (Pensión 2)	Tagua y 21 de Noviembre	2731527
SAN NICOLAS (Cabaña 2)	Calle 1 Terrenos FAE	097579016
SEAFLOWER (Cabaña 2)	Playa de Same	099455038
SEAQUARIUN (Hostal 2)	Las Acacias	2731330
SHAMAN (Hostal 2)	Malecón	2731486
SILVER RANCH EL HIGUERON (Cabaña 1)	Súa km 4 Vía a Same	099382807
SIONA (Hostal 2)	21 de Noviembre y Acacias	
SOL DORADO (Pensión 1)	Playa Ancha, Tonsupa	2731053
SOL Y MAR (Cabaña 2)	Transversal Playa	2731524
SUA DE LAS AMERICAS (Hostal 2)	Malecón Playa	
SUN MARINO (Hostal 2)	Entrada A Cabaplan	2735002
SUN PALACE (Hotel 1)	Ciudadela Nueva Granada Calle Tercera	2760936
TECHOS DEL MAR (Cabaña 2)	Playa Ancha, Tonsupa	
TERRANOVA (Hostería 2)	Entrada Club del Pacífico	2735152
TERRAZA MAR (Pensión 1)	Entrada Playa Ancha, Tonsupa	2735243
THIMESHARING (Apar-Turis 1)	Entrada Principal Al Club Casa Blanca	2733157
TIBURON (Hotel 2)	Malecón Playa	2731145
TITANIC (Pensión 2)	Transversal Playa	2731646
TONSUPA SUITES (Apar-Turis 2)	Playa Ancha, Tonsupa	2731559
TORINO (Pensión 1)	Calle 6ma y "Y"	2735200
TORRES GEMELAS (Cabaña 2)	Playa Ancha, Tonsupa	2731219
VENECIA (Hos-Res 2)	Barrio Nueva Granada	
VERDE MAR (Pensión 1)	Tercera Transversal, Tonsupa	2735250
VERONICA (Pensión 2)	Las Acacias	2760185
VILLA RICA (Hostería 1)	Playa Ancha, Tonsupa	2735167
VILLA ROSAURA (Hos-Res 2)	Barrio Nueva Granada	2731118
VISTA AZUL (Cabaña 2)	Playa Ancha, Tonsupa	2731175
XIMENA (Pensión 2)	Malecón Playa y Cedros (Esquina)	2731363
YACARE (Apart-Turis 1)	Urb. La Perla	2731065

ELOY ALFARO

CASTILLO (Hos-Res 2)	Pedro Chiriboga	2786578
COSTA NORTE (Hos-Res 2)	5 de Agosto Y Pedro Chiriboga	2786573
POSADA ESTEBAN (Pensión 2)	Río Cayapa y Boca de Onzole	2713782
RINCON DEL PACIFICO (Hostería 2)	Playa de Las Peñas	2786056

Nombre / *Name*	Dirección / *Address*	Telf. / *Phone*

MUISNE

ESTANCIA LOS COLARALES (Apar-Hurís 2)	Malecón de La Playa Calle Manabí	2480129
GALAPAGOS (Hostal 2)	Manabí frente al Colegio P.G.	2780758
MAPARA (Hostal 2)	Malecón La Playa	2480147
MI DELFIN (Hostal 2)	Malecón La Playa	
ROYAL DECAMERON MOMPICHE (Complejo 1)	Mompiche	2997300
SARITA (Hos-Res 2)	Isidro Ayora	

QUININDÉ

BUENOS AIRES (Termas y Balneario 2)	Barrio San José	2749360
COSTA (Pensión 2)	Gómez de La Torre y G. Becerrra	2727909
D'OREJUELA (Termas y Balneario 2)	Barrio Los Almendros	2736340
DULCE SUEÑO (Hostal 2)	Av. Principal	2749116
EL GARABATO (Termas y Balneario 2)	Recinto Pichincha Portilla	2736210
LAS PALMAS (Hostal 2)	Simón Plata Torres 237	2736667
MARIA ISABEL (Hostería 2)	Km 194 Via a Santo Domingo	2765850

SAN LORENZO

CASTIBOL (Pensión 2)	Eloy Alfaro s/n y Tácito Ortiz	2780383
CASTILLO REAL (Pensión 1)	Av. Camilo Ponce s/n y Esmeraldas	2780152
FIESTA AMERICANA (Hostería 2)	Via a Ibarra km 1 ½	2780360
GRAN HOTEL SAN CARLOS (Hotel 2)	Juan José Flores E Imbabura	2780284
LAS SIETE CASCADAS (Refugio 1)	Sector Guadalupe km 111	2640276
PUERTO AZUL (Hos-Res 2)	Av. 26 de Agosto s/n y Esmeraldas	2780220
STEFANY (Hos-Res 1)	Av. 26 de Agosto y José Garcés	2780123
TOLITA PAMPA DE ORO (Hos-Res 2)	26 de Agosto y Tácito Ortiz	

RÍO VERDE

PURA VIDA (Hostal 2)	Palestina	2744203

GALÁPAGOS (Código Telefónico 04)

SAN CRISTÓBAL, PUERTO BAQUERIZO

CACTUS (Hos-Res 2)	Juan José Flores s/n y Quito	2520078
CASA BLANCA (Pensión 1)	Av. Charles Darwin y H. Nelville	2520392
CASA DE NELLY (Pensión 2)	Av. Alsacio Northía, Vía a Playa Mann	2520112
CHATHAN (Hotel 2)	Av. Armada Nacional y Alsacio Northia	2520923
DON JORGE (Cabaña 2)	Sector Playa Mann	2520208
FLOREANA LAVA LODGE (Cabaña 2)	Vía a la Lobería	2527230
GALAPAGOS HOSTAL (Hos-Res 1)	Sector de Playa de Oro S/N	2520157
ISLAS GALAPAGOS (Hostal 2)	Cuenca S/N	2520162
LEON DORMIDO (Hostal-Res. 2)	José de Villamil y Charles Darwin	2520169
LOS ALGARROBOS (Hostal 1)	Av. Quito y Alsacio Northia	2521101
MAR AZUL (Hos-Res 2)	Alsacio Northia S/N	2520139
MICONIA CABAÑAS SPA (Pensión 1)	Av. Charles Darwin	2520608
MISSION Y ROOMS (Pensión 1)	Av. Colón y Esmeraldas	2520945
NORTHIA (Hos-Res 2)	Alsacio Northia S/N	2520041
PARAISO INSULAR I (Hostal-Res. 1)	Av. Alsacio Northia y Esmeraldas	2520761
PARAISO INSULAR II (Hostal 1)	Av. Alsacio Northia y Armada Nacional	2520091
PIMAMPIRO (Cabaña 1)	Av. Quito s/n	2520323
POSADA DE JOSE CARLOS (Pensión 2)	Nugolino Cerasuolo	2520268
STEFANY'S (Pensión 1)	Av. Quito s/n	2520244
SUIT BELLAVISTA (Pensión 2)	Av. Charles Darwin	2521147
WILMAR (Pensión 1)	Gabriel García Moreno	2520706
WITTMER (Hostal 2)	Ignacio Hernández	

Nombre / *Name*	Dirección / *Address*	Telf. / *Phone*

ISABELA, PUERTO VILLAMIL

ALBEMARLE (Pensión 1)	Malecón Cuna del Sol	2529489
BALLENA AZUL (Pensión 2)	Conocarpus	
BRISAS DEL MAR (Pensión 2)	Conocarpus	2529376
CABAÑA DE RUBEN (Cabaña 2)	Recinto El Cura	2529330
CALETA IGUANA (Pensión 1)	Av. Antonio Gil	2529330
CAMPO DURO (C. Turístico 2)	Isabela	2529358
CASA SOL (Pensión 1)	Malecón Scalesia	2529183
CORAL BLANCO (Pensión 2)	Av, Antonio Gil	2529432
GALAPAGOS (Pensión 2)	Av, Antonio Gil y Los Flamencos	2529015
INSULAR (Hostal-Res. 1)	Gaviotín y Tero Real	2529211
LA CASA DE MARITA (Pensión 1)	Lote 2, Manzana 6	2529238
LA CASITA DE LA PLAYA (Pensión 2)	Malecón	2529334
LA ISLA DEL DESCANSO (Pensión 1)	Av. 16 de Marzo y Las Fragatas	2529264
LA JUNGLA (Pensión 2)	Av. Antonio Gil	2529438
LA QUINTA DE JENNIFER (C. Turístico 2)	Vía a Sierra Negra km 22	2529165
LAS GARDENIAS (Pensión 2)	Conocarpus	2529115
LOS DELFINES (Pensión 2)	Malecón	
LOS FLAMENCOS (Pensión 2)	Av. 16 de Marzo y Los Flamencos	2529143
POSADA DEL CAMINANTE (Pensión 2)	Barrio Loja	2529407
SAN VICENTE (Pensión 2)	Los Cormoranes	
SANDRITA (Pensión 1)	Los Cáctus y Scalesia	2529208
SIERRA NEGRA (Pensión 2)	Malecón	2529046
SULA SULA (Pensión 2)	Av, Cáctus	093595832
TERO REAL (Cabaña 2)	Las Escalecias	2529106
THE DOLPHIN HOUSE (Pensión 2)	Av, Antonio Gil	2529138
THE WOODEN HOUSE (Pensión 1)	Conocarpus	2529485
VILLAMIL (Pensión 1)	16 de Marzo	2529180
VOLCANO (Pensión 1)	Av,. Antonio Gil y Flamingos	2529034

SANTA CRUZ, PUERTO AYORA

ADVENTURE INN (Hostal1)	Av. Charles Darwin	2526564
ALTAIR (Hos-Res 2)	Km12, Vía Cascajo	2526500
ANGERMEYER WATER FRONT INN (Pensión 1)	Barrio Estrada	
CASA DEL LAGO LODGING HOUSE (Apart-Turis 1)	Moisés Brito	2524116
CASA LA IGUANA (Pensión 1)	Barrio Estrada	2832020
CASA NATURA (Hostal 1)	Petrel y Floreana	3013709
CASTRO (Hostal 1)	Av. Los Colonos, Las Ninfas	2526113
EL BAMBU GALAPAGOS (Pensión 2)	Islas Duncán y Albatros	2524085
ESCALESIA (Pensión 1)	Los Piqueros	2527100
ESPAÑA (Pensión 2)	Tomas de Berlanga	2526108
ESTRELLA DE MAR (Hostal 2)	12 de Febrero	2526427
FERNANDINA (Hostal 1)	Av. 12 de Noviembre	2526499
FIESTA (Hostal 2)	Moisés Brito y J. Matal	2526489
FINCH BAY HOTEL (Hostal 1)	Barrio Estrada	2526297
FRON INN (Pensión 1)	Barrio Estrada	2526134
GALAPAGOS SUITES (Pensión 1)	Cucube s/n y Floreana	2526209
GARDNER (Pensión 2)	Islas Plazas	2526108
JEAN'S HOME (Pensión 2)	Barrio Punta Estrada	2526446
LA TINTORERA (Pensión 1)	Punta Estrada, Bahía Tiburón	2526725
LAS NINFAS(Hostal 1)	Av. Los Colonos y T. de Berlanga	2526127
LIRIO DEL MAR	Bolívar Naveda	2526212
LOBO DE MAR (Hostal 2)	12 de Febrero	2526188
LOBO DE MAR (Hotel 2)	12 de Febrero	2526188
MAIDITH GALAPAGOS (Apart-Turis 2)	Rábida s/n y Piqueros	2526311
MAINAO (Hostal 2)	Matazarnos e Idenfatigable	2527029
MATAZARNO SUIETES (Apart-Turis 2)	Karl Angermeyer y Floreana	2524376
MI CALETA INN (Pensión 2)	Daphne s/n y Peprel	2526335
NORTH SEYMOUR (Hos-Res 2)	Raúl Carrasco	

Nombre / *Name*	Dirección / *Address*	Telf. / *Phone*
PALMERAS (Hotel 2)	Tomas de Berlanga	2526139
PELICAN BAY INN (Hostal-Res. 2)	Floreana y Adolfo Hanny	2524622
RED BOOBY (Hostal 1)	Islas Plaza y Charles Binford	2526486
RED MANGROVE ADVENTURE INN (Hostal 1)	Av. Charles Darwin	2527011
ROYAL PALM (Hostería 1)	Km 17 Vía a Baltra	2524771
SALINAS (Hostal 2)	Bolivar Naveda	2526107
SANTA FE (Apart-Turis 1)	Charles Binfor y J. Montalvo	2526419
SEMILLA VERDE (Hostería 1)	Vía a Baltra km 12, El Carmen	087103006
SILBERSTEIN (Hostal 1)	Av. Charles Darwin y Piqueros	2526277
SIR FRANCIS DRAKE (Hotel 2)	Av. Baltra	2526221
SOL Y MAR (Pensión 1)	Av. Charles Darwin	2526281
TORTUGA BAY (Hostal 2)	Seymour Norte y Fragata	
VILLA LAGUNA (Hostal-Res. 1)	Barrio Las Ninfas	2524819

GUAYAS (Código Telefónico 04)

GUAYAQUIL

ACUARIO (Hostal 2)	Luque 1204 y Quito	2533671
ALEXANDER (Hotel 1)	Luque 1107 y Pedro Moncayo	2532000
ANDY (Hotel-Res 2)	Víctor Manuel Rendón 819 Riobamba	2311664
ATLANTIC SUITE (Hostal 2)	Escobedo 812 y Junín	2568055
CALIFORNIA (Hotel 2)	Ximena 601 y Urdaneta	2302538
CASTELL (Hotel 1)	Cdla. Kennedy Norte , Calle Miguel Alcívar	2680099
CITY PLAZA (Hotel 1)	Boyacá 922 y Víctor Manuel Rendón	2309209
CONTINENTAL (Hotel Lujo)	Chile 512 y 10 de Agosto	2329270
DE ALBORADA (Hotel 2)	Alborada Etapa 4 Mz.935 V.8	2237251
DEL REY (Hotel 1)	Aguirre y Andrés Marín García	2455977
DELICIAS 1(Hotel-Res 2)	Clemente Ballén 1105 y Pío Montúfar	2324925
DORAL BEST WESTERN (Hotel 1)	Chile 402 y Aguirre	2328490
ECUAHOGAR HOSTELLING I.(Hotel-Res 2)	Sauces 1 Mz. F 31 Villa 20	2248357
ECUATORIANO (Hostal-Res 2)	Rumichaca 1502 y Antonio José de Sucre	2518105
EL DORADO (Hostal-Res 2)	Av. Olmedo 246 y Chile	2513931
EXTASIS (Motel 2)	Av. 25 de Julio y Raúl Clemente Huerta	2483950
FLAMINGO EXCLUSIVE (Hostal-Res 2)	Manabí 1016 y Lorenzo de Garaycoa	2403839
GRAND HOTEL GUAYAQUIL (Hotel Lujo)	Boyacá 1515 y Clemente Ballén	2329690
HAMPTON INN BOULEVARD HOTEL & CASINO (Hotel Lujo)	9 de Octubre 432 y Baquerizo Moreno	2566700
HILTON COLON (Hotel Lujo)	Av. Fco. de Orellana, Kennedy Norte	2689000
HOWARD JOHNSON (Hotel 2)	Av. Juan Tanca Marengo s/n y Abel Romero Castillo	2158375
KENNEDY APART HOTEL (Hotel-Apart 1)	Kennedy Norte Mz 409 Solar 3	2681111
LA TORRE (Hotel 2)	Chile 333 y Luque	2321918
LAS ACACIAS (Hotel-Res 2)	Av. 25 de Julio y Calle G	2340791
LAS AMERICAS (Hotel 1)	Machala 811 y 9 de Octubre	2291777
LUQUE (Hostal 2)	Luque 1214 y Machala	2320194
MARCO POLO (Hostal-Res 2)	6 de Marzo 950 y 10 de Agosto	2329071
MARRIOT COURTYARD (Hotel lujo)	Av. Francisco de Orellana 236 y José Alvedra Tama	6 009-200
MI CASA (Hotel-Res 2)	1ero de Mayo 1010 y Carchi	2396377
NEVADA (Hotel 2)	Lorenzo de Garaycoa 710 y Quisquis	2311298
NIUCANCHE (Hos-Res 2)	Pío Montúfar 105 y Aguirre	2512312
NUEVO ECUADOR (Hotel 2)	Pedro Moncayo 1117 y Luque	2321460
NUEVO MILENIO (Hos-Res 2)	Aguirre 1203 y Pedro Moncayo	2513134
ORO VERDE (Hotel Lujo)	9 de Octubre y 414 García Moreno	2327999
PALACE (Hotel 1)	Chile 214 y Luque	2321080
PASEO REAL (Hos-Res 2)	Luque 1011 y Pedro Moncayo	2530084
PAUKER (Hostal 2)	Baquerizo Moreno 902 y Junín	2300503
PLAZA CENTENARIO (Hotel 2)	Lorenzo de Garaycoa 728 y Vélez	2524467
PRIMAVERA (Hotel-Res 2)	6 de Marzo 828 y Clemente Ballén	2533648
QUITO (Hostal-Res. 2)	Av. Quito 1201 y Aguirre	2510062
RAMADA (Hotel Lujo)	Malecón y Orellana	2565555
REGINA (Hotel-Res 2)	Lorenzo de Garaycoa 423 y Padre Solano	2312754
RIZZO (Hotel 1)	Clemente Ballén 319 y Chile	

Nombre / Name	Dirección / Address	Telf. / Phone
SAN RAFAEL (Hotel 1)	Chile 414 y Clemente Ballén	2327140
SHERATON FOUR POINTS (Hotel Lujo)	Av. José Joaquin Orrantia, Plaza Sol	2082081
SOL DE ORIENTE (Hotel 1)	Aguirre 603 y Escobedo	2325500
SOL DE ORO (Hotel 1)	Lorenzo de Garaycoa 1243 y Clemente Ballén	2510000
SOLANO (Hostal 2)	Camilo Destruje 1215 y Guaranda	2346011
SOLOY (Hos-Res 2)	Guerrero Valenzuela 726 y Maldonado	2451766
TANGARA (Pensión 2)	Manuela Sáenz Mz. F Villa 1	2284445
TRES ESTRELLAS(Hotel-Res 2)	Cuenca 3515 y Guerero Valenzuela	2366108
UNIPARK (Hotel Lujo)	Clemente Ballén 406 y Chile	2327100
VEREDA REAL (Hostal 2)	Tungurahua 1808 y Capitán Nájera	2364498

ALFREDO BAQUERIZO MORENO (JUJAN)

CHANG (Hotel 2)	Puente de ingreso	2726138
ESCUDERIA SAN JACINTO (C. Turístico 2)	Via a Yaguachi km 21	2726163
RANCHO TEXAS (Termas y balneario 2)	Carretero Juján km 44	

DAULE

ORO DAULE (Hotel-Res 2)	Av. Asad Bucaral Via Guayaquil-Daule	2796907
PEQUENO PARAISO (C. Turístico 2)	Via a Daule, Santa Lucía km 55	2252413
SAN FRANCISCO (Hostal 2)	Barrio El Recuerdo Solar No.12	2797730

DURÁN

EXTASIS IV (Motel 1)	Av. Principal s/n Via Duran-Boliche km 3.5	2275102
KEMBERLY (Hotel 2)	Ciudadela Río Guayas, solar 11 Mz.14	2862985
LA CASA NUEVA (Motel 2)	km 6,5 Vía Duran Tambo	2806206
OLIMPO (Motel 2)	Vía Durán-Yaguachi km 11	2678840
TROPICANA (Motel 2)	km 15,5 Vía Duran – Tambo	2806206

EL EMPALME

CAROMO (Hostal 2)	Cesar Borja 502 y Av. Manabí	2960434
JIMALVED (Motel 2)	Recinto La O. Av. Principal Via El Empalme Balzar	

EL TRIUNFO

D'FRANCO (Hostería 1)	Via al Triunfo-Bucay, km 90	2727926
DALL ALBA ALTRAMONTO (Termas y Balneario 1)	Av. Simón Bolívar y Jaime Roldós Aguilera	
EL MANANTIAL (Motel 2)	km 48 Vía a El Triunfo	
NIDO (Motel 2)	Via Al Triunfo - Manuel de J. Calle	2011150
POLO INN (Hostal 2)	Av. 8 de Abril 423 y Telmo Tejada	2010650

GENERAL ANTONIO ELIZALDE (BUCAY)

CENTRAL II (Hostal 2)	Av. Paquisha s/n y 19 de Agosto	2727265
MUNDO SAN RAFAEL (C. Turístico 1)	Vía Naranjito-Bucay km 86	

MILAGRO

CARSO INN (Hotel 1)	Calle 9 de Octubre y Abdón Calderón	2975523
CASA BLANCA (Hostal 2)	24 de Mayo y Eloy Alfaro	2710763
CASA ROSADA (Pensión 2)	lotización Techos Para Los Pobres	2970350
DON JUAN SUITE (Hostal 2)	9 de Octubre y García Moreno	2974566
EL BOSQUE (Termas y Balneario 2)	Barrio Banco de Arena, km 2 ½ Naranjito	2972939
HOUSE CENTER (Hostal 2)	García Moreno y Eloy Alfaro	2972939
LA GRAN MANZANA (Motel 1)	Av. Alfredo Adum s/n y Jaime Roldós	
LAS GALAXIAS (Motel 2)	Av. Principal, Ciudadela La Merced	
LOS ALMENDROS (Motel 2)	Km 12 Vía Al 26	2710058
NACIONAL (Hotel 2)	Bolívar y 5 de Junio	2711586

Nombre / *Name*	Dirección / *Address*	Telf. / *Phone*
NEON (Hostal 2)	Juan Montalvo y Eloy Alfaro	2973646
SAN FRANCISCO (Hostal 1)	12 de Febrero 317 y García Moreno	2977910

NARANJAL

MEDIA NARANJA (Motel 2)	Av. Olmedo s/n Sector Cdla. Tamariz	2750349
SAN JACINTO (Termas y Balneario 2)	Ciudadela Mi Lote No. 2	
SAN MARINO (Pensión 2)	Cdla. San Marino s/n 13 ava.	

NARANJITO

CUPIDO INN (Motel 2)	Av. Principal s/n, km 35 Naranjito	

PLAYAS

ACAPULCO (Hostal 2)	Malecón y Av. Jaime Roldós	2760343
ANA (Hostal 2)	km 1 1/2 Vía Data Cdla. Bellavista 2	2761770
ARENA CALIENTE (Hotel 2)	Av. Paquisha y Av. Guayaquil Esquina	2761581
BELLAVISTA (Hostería 1)	Vía Data km 2, Bellavista	2760600
CABAÑA TIPICA (Hostal 2)	Jambelí y Calle 8	2760464
CASA PLAYA (Hostería 2)	Av. 22 y Calle 3	2760590
CATTAN (Hostal 2)	3 de Noviembre y Jambelí	2760179
DORADO (Hos-Res 2)	Avenida Jambelí y Malecón	2760402
EL DELFIN (Hostal 2)	Km 1 Vía Data	2760125
EL TUCAN (Hostería 1)	km 1 Vía a Data	2760127
EL TUCAN (Hostería 1)	Vía Data km 1	2760127
EL TUCANO (Hotel 2)	Km 1.5 Vía a Data, Barrio San Jacinto	2760866
LA MIA CASITA (Hostería 2)	Av. Principal s/n	2760303
LAS REDES (Hotel 2)	km 1 Vía Data	2760222
LOS PATIOS (Hostería 2)	km 1.5 Vía a Posorja	2760039
MARBELLA (Hostal 2)	Cdla. Marbella, Mz. 4 Solar 10	2762396
MEDI TERRA (Hostería 2)	Vía Playas km 1 ½, Mz. 10 Solar 4	2761887
MERCY MAR (Hostería 1)	Barrio Providencia, sector 3	097822550
NEVADA (Hostal 1)	Av. Paquisha y Av. Guayaquil (Esquina)	2760759
PLAYAS (Hotel 2)	Malecón y Jambelí	2760121
PORTO DI MARE (Hostería 2)	Vía Data km 2, Av. Las Palmas	2761577
PUERTO FARO (Hostería 2)	Vía Data km 1 ½ , Bellavista	2761205
REY DAVID (Hostal 2)	Novena s/n y Av. Primera	2160024
SINFONIA DEL MAR (Hostería 1)	Barrio El Arenal Calle 6ta.	2320890

NOBOL

GARZA ROJA (Centro Turístico 1)	Ciudadela Los Canales s/n km 36 a Daule	6001354

SAMBORONDON

ANDRES (Hostal 1)	Malecón	
MOVIL POWER (C. Turístico 1)	Urb. El Tornero	2833773
ORILLA DEL RIO (Hostal 1)	Ciudadela entre Ríos	2835394
PLAY ZONE (C. Turístico 1)	Vía Samborondón km 1 ½	2833293
RIVER PARK (C. Turístico 1)	Vía Samborondón km 4 ½	2832524

SAN JACINTO DE YAGUACHI

GOLDE STAR (C. Turístico 2)	Vía Durán-Tambo km 26	2717130
LA HIGUERA (Hostería 2)	km 25 Vía Durán	
REY PARK (C. Turístico 1)	Vía Babahoyo km 10	089209636

IMBABURA (Código Telefónico 06)

IBARRA

Nombre / Name	Dirección / Address	Telf. / Phone
AJAVÍ (Hotel 1)	Av. Mariano Acosta 16-38	2955221
ANHELOS (Motel 2)	Vía a Urcuquí	2642567
ARUBA (Hostería 2)	Panamericana Norte km 39	2941146
BOSQUE DE PAZ (Cabañas 2)	Sector Limonal	2648692
CHORLAVI (Hostería 1)	Panamericana Sur km 4	2932222
D'KCH (Motel 2)	Pana Sur km 4, Vía a Tanguarín	2643786
DEL PILAR (Hostal 2)	Calixto Miranda 5-127 y E. Grijalva	2609641
EL CALLEJON (Hostal-Res.2)	Pedro Moncayo 7-38 y Sánchez	2611577
EL CONQUISTADOR (Hotel 2)	Autopista Yahuarcocha km 9	2953985
EL ENSUEÑO (Hostal 2)	Hernán González de Saá 22-39	2608041
EL KIBUTZ (Hostería 2)	Panamericana Norte km 37	2941141
EL OASIS (Hostería 1)	Panamericana Norte km 39	2941200
EL PRADO (Hostería 1)	Panamericana Norte km 1	2959570
EL PUENTE VIEJO (Termas y Balneario Lujo)	Chorlaví, La Merced	2959446
EL RANCHO DE CAROLINA (Hostería 2)	Panamericana Sur km 4 (Sector Chorlaví)	2932215
HACIENDA ZULETA (Hostería 1)	Vía a Olmedo	2662032
IBIZA (Hostal-Res. 2)	Luis Enrique Cevallos 5-52	2932450
IMPERIO DEL SOL (Hotel 1)	Autopista Yahuarcocha km 9 1/2	2959794
LA GIRALDA (Hotel 1)	Av. Atahualpa 15-142 y J.F Bonilla	2956002
LA PLAYA (Hostal 2)	Pana Norte km 28	2941311
LAGUNA (Hostal-Res.2)	Av. Mariano Acosta 12-17	2955394
LOMAS DEL RIO (Hostería 2)	Pana Norte km 121	2941194
MADRID 3 (Hotel-Res 2)	Olmedo 8-69 y Pedro Moncayo	2644918
MEDITERRÁNEO (Motel 2)	El Olivo Alto	2640007
MIRADOR de YAHUARCOCHA (Motel 2)	El Olivo Alto	2603237
MONTECARLO (Hotel 2)	Av. Jaime Rivadeneira 5-55 y Oviedo	2958266
NUEVA ESTANCIA (Hotel 2)	García Moreno 7-58 y Sánchez y Cifuentes	2951444
PALMIRA (Hostería 2)	Panamericana Norte km 36	2941187
PLAZA VICTORIA (Hostal-Res.1)	Simón Bolívar 12-101 y Mosquera	2600887
ROYAL RUÍZ (Hotel-Res 2)	Olmedo 9-40 y Pedro Moncayo	2641999
SIERRA NORTE (Hotel 2)	Av. Mariano Acosta s/n y M. Cañizárez	2606926
SUEÑO REAL (Hostal 2)	Av. Víctor Manuel Guzmán 1-06	2643980
TURISMO INTERNACIONAL (Hotel 2)	Juan Hernández s/n y Rafael Troya	2956331

ANTONIO ANTE, ATUNTAQUI

Nombre / Name	Dirección / Address	Telf. / Phone
CUPIDO (Motel1)	García Moreno s/n	
D'LIRIOS (Motel1)	González Suárez y Panamericana	2910131
EL CISNE (Motel 2)	Panamericana Sur y Vía a La Esperanza	2906771
JUAN SEBASTIAN (Cabaña 2)	Sánchez y Cifuentes s/n y 10 de Agosto	2907718
MAYFER (Cabaña 2)	Sánchez y Cifuentes y 10 de Agosto	2907178
NATABUELA (Hostería 1)	Panamericana Norte km 3 1/2	2932032
PARAÍSO (Motel 2)	Luis Humberto Gordillo 17-82	2908239
PUEBLO VIEJO (Hostería 1)	Panamericana Norte km 2	2908826
PULSACIONES (Motel 2)	Panamericana Norte km 3	2906010
SANTA ROSA DEL MORAS (Hostería 2)	Amazonas, Barrio Santa Rosa	2907365
VIEJO PUEBLO (Hostería 1)	Panamericana Norte km 2	2908826

COTACACHI

Nombre / Name	Dirección / Address	Telf. / Phone
CUICOCHA TINCUICEM (Hostería 2)	Lago Cuicocha	2648040
EL ARBOLITO (Hostal-Res. 2)	Imbabura 9-11 y Rocafuerte	2916892
EL REFUGIO DE INTAG (Cabaña 2)	Comunidad Santa Rosa-Vía a Intag	2648509
LA MIRAGE GARDEN HOTEL & SPA (Hostería 1)	Av. 10 de Agosto Prolongación	2915237
LAND OF SUN INC (Hostal 1)	García Moreno 13-57 y Sucre	2916009
MESÓN DE LAS FLORES (Hostería 1)	García Moreno 13-67 y Sucre	2916009

Nombre / *Name*	Dirección / *Address*	Telf. / *Phone*
OSHO ECOLOGICAL RESORT (Hostería 2)	Sector El Chontal	2868109
QUINTA LA POSADA (Cabañas 2)	Alejandro Proaño y Peñaherrera	2916534
RANCHO SANTA FE (Hotel 1)	Prolongación 10 de Agosto, La Banda	2915151
RÍO GRANDE (Cabaña 2)	Sector Nangulví	2648296
SUMAC HUASI (Hostal 2)	Juan Montalvo 11-09 y P. Moncayo	2915873

OTAVALO

ACOMA (Hostal 1)	Juan de Salinas 07-57 y Av. 31 de Octubre	2922966
ALI SHUNGU (Hostal 2)	Av. Quito y Miguel Egas	2920750
ALIMICUY II (Hostal 2)	Av. Paz Ponce de León	2920848
ALY SAMAYLLA (Hostal-Res. 2)	Manuel Quiroga 6-06 y Jaramillo	2920212
CABAÑAS DEL LAGO (Hostería 1)	Orillas Lago San Pablo	2918108
CASA MOJANDA (Hostería 1)	Mojandita de Curubí	2922986
CASCADA DEL AMOR (Motel 2)	San Juan de Iluman	2915573
CHUQUITOS (Hostal 2)	Simón Bolívar 10-13 y Morales	2928534
COPACABANA (Hos-Res 2)	Av. Atahualpa s/n y Abdón Calderón	2923306
CURIÑAN (Hostal 2)	Curiñán s/n y Sawarñán	2924212
CUSIN (Hostería 1)	Hacienda Cusín	2918316
DOÑA ESTHER (Hostal 2)	Juan Montalvo 4-44 y Bolívar	2920739
EL CORAZA (Hotel 2)	Abdón Calderón y Sucre	2921225
EL GERANIO (Pensión 2)	Ricaurte y Morales	2920185
EL INDIO (Hostal 2)	Sucre 12-14 y Salinas	2920060
EL INDIO INN (Hotel 1)	Bolívar 9-04 y A. Calderón	2920325
EL RINCÓN DE BELÉN (Hostal 2)	Roca s/n y Juan Montalvo	2921860
EL ROCÍO (Cabaña 2)	Barrio San Juan Calle	2924606
EL ROMERAL (Hostería 2)	Quinchiche, sector Andaviejo	2925243
HACIENDA PINSAQUÍ (Hostería 1)	Panamericana Norte km 5	2946116
INCA REAL (Hostal-Res. 2)	Salinas 5-07 y Sucre	2922895
LA CASA DE HACIENDA (Hostería 1)	Panamericana Norte km 3	2690245
LA CASA SOL (Hostal 1)	Bosque protector cascada de Peguche	2690500
LA LUNA DE MOJANDA (Hostería 2)	Comunidad Uschloma Sector Chitaloma	
LAS PALMERAS DE QUICHINCHE (Hostería 2)	Quichinche (Sector Anda Viejo)	2922607
MAGIA Y AROMA (Hostal 2)	Entrada principal a Peguche	2690655
MASHY'S (Hostal 2)	Neptalí Ordóñez 1-77 y Roca	2921480
OTAVALO (Hotel 2)	Roca 5-04 y García Moreno	2920416
PRINCE (Hos-Res 2)	Sucre 7-05 y García Moreno	2923200
PUERTO LAGO (Hostería 1)	Pana Sur km 5 ½	2920920
SAMAY INN II (Hostal-Res. 2)	Sucre 10-09 y Colón	2921826
SARA NUSTA (Termas y Balneario 2)	Sucre 2-13 y Panamericana	2920792
SEPTIMO CIELO (Motel 2)	Barrio Santa Teresita	2946406

SAN MIGUEL DE URCUQUÍ

ARCO IRIS II (Termas y Balneario 2)	Vía a Chachimbiro	2941135
CHACHIMBIRO (C. Turístico 2)	Sector Chachimbiro	2648133
HACIENDA CHACHIMBIRO (Hostería 2)	Sector Chachimbiro	
HACIENDA SANTA ANA (Hostería 2)	Comunidad Tapiapamba	2955-767
PANTAVI (Hostería 2)	Vía a Tumbabiro	2934185
SAN FRANCISCO (Hostería 1)	Vía a Chachimbiro km 19	2934167

LOJA (Código Telefónico 07)

LOJA

AGUILERA INTERNACIONAL (Hostal 1)	Sucre 01-08 y Emiliano Ortega	2572477
ALMA GEMELA (Motel 1)	Ángel Felicísimo Rojas	093866661
AMERICA (Hostal 1)	18 de Noviembre E Imbabura	2589468
ANDES DEL PRADO (Hostal 1)	Mariana de Jesús E/ 10 de Agosto y Rocafuerte	2588271
BOMBUSCARO (Hotel 1)	10 de Agosto y Av. Universitaria	2577021

Nombre / Name	Dirección / Address	Telf. / Phone
CENTRAL PARK (Hos-Res 1)	10 de Agosto y Bolívar 13-64	2581103
CRISTAL PALACE (Hotel 2)	Av. Universitaria y Rocafuerte	2561492
CUPIDO (Motel 2)	Km4 Vía Cuenca	2541513
D'RIO (Hostal 2)	Sucre y Bernardo Valdivieso	2687450
DEL VALLE (Hostal 2)	Av. Salvador Bustamante Celi	2587967
DELBUS (Hostal 1)	Av. 8 de Diciembre y Juan José Flores	2575100
ECLIPSE (Motel 1)	km 3 1/2 Vía Cuenca	2540009
EL CASTILLO (Hostal 1)	Vía Vilcabamba-Landangui	
EL DESCANSO DE RAMSES (Hostería 1)	Agua de Hierro y Bolívar	2640297
EL RODEO (Motel 1)	Vía a Zamora km 4 1/2	2573055
GRAND HOTEL LOJA (Hotel 1)	Av. Iberoamérica y Rocafuerte	2586600
GRAND VICTORIA (Hotel Lujo)	Bernardo Valdivieso 06-56 y Colón	2583500
GRAND VICTORIA (Hotel Lujo)	Bernardo Valdivieso 06-56 y Colón	2583500
IBEROAMERICA (Apart-Turis 1)	Av. Iberoamérica y Manuel Ignacio Pinzón	2574432
INCA (Hos-Res 2)	Av. Universitaria 08-24 y 10 de Agosto	2582928
ISHCAYLUMA (Hostería 1)	Vía Yangana km 22	
ISHCAYLUMA (Hostería 1)	Vía a Yanganá km 22	2640895
JARDIN ESCONDIDO (Pensión 2)	Diego de Vega y Sucre	2580897
JARDINES DEL RIO (Hotel 1)	Av. Pío Jaramillo 25-25 y Kleper	2546735
LA CASA LOJANA (Hostal 1)	Paris y Av. Zoilo Rodríguez	2585985
LAS MARAGARITAS (Pensión 1)	Sucre y Clodoveo Jaramillo	2640051
LAS RUINAS DE QUINARA (Hostería 1)	Yamburara Alto	
LAS RUINAS DE QUINARA (Hostería 1)	Yamburara Alto	2580314
LE RENDEZ VOUS (Pensión 1)	Diego Vaca de Vega 06-43 y La Paz	092191180
LIBERTADOR (Hotel 1)	Colon y Bolívar	72570344
LUNA AZUL (Motel 1)	Carigan - Vía de Integración Barrial	094101227
MADRE TIERRA (Hostería 2)	Vía a Vilcabamba km 32	2640269
MENDOZA (Pensión 1)	Av. Universitaria y 10 de Agosto	2587490
MIRADOR (Hostal 2)	Ramón Pinto y Colón	2585485
PARAISO (Cabaña 2)	Eterna Juventud	2580266
PODOCARPUS (Hotel 2)	José A. Eguiguren y 18 de Noviembre	2584912
QUINTA MONTAÑA (Hostería 1)	Colinas del Norte	2540851
QUO VADIS (Hotel 1)	Av. Isidro Ayora y 8 de Diciembre	2581805
RAMSES (Hotel 1)	Colon 14-31 y Bolívar	2571402
RIVIERA (Pensión 2)	Av. Universitaria 08-10 y 10 de Agosto	2572863
RODEO EL (Motel 1)	km 4 1/2 Vía Zamora	
SAN SEBASTIAN (Residencia 2)	18 de Noviembre y Azuay	093245262
SOL Y SOMBRA (Pensión 2)	Manuel Ignacio Godoy	2545534
TUMBUKTO (Hostería 1)	Vía a Taxiche a 300 m Landagui	099411950
VALLTO (Hostal 2)	Guaranda 1345 y Gran Colombia	2577475
VIEJA MOLIENDA (Hostería 1)	Malacatos	2673239
VILCABAMBA (Hostería 1)	Entrada A Vilcabamba	2640271
VILCABAMBA (Hotel 1)	Av. Iberoamérica y Pasaje FEUE	2573645
ZAMORANO REAL (Hotel 1)	Miguel Riofrío 14-62 y Sucre	2570921

CARIAMANGA

DON LUIS (Pensión 2)	18 de Noviembre y Centenario	2687370
LA SIESTA DEL VIEJO (Hostal 2)	Rocafuerte y 18 de Noviembre	2687042

CATACOCHA

TAMBOCOCHA (Paradero 2)	25 de Junio y Manuel Vivanco	2683551

CATAMAYO

AGUAMANIA (Hostería 1)	Av. Isidro Ayora km 5 Vía a La Costa	2676733
BELLAVISTA (Hostería 2)	Trapichillo	2677225
CAMPO ALEGRE (Hostería 2)	Km 1 1/2 Vía a La Costa	2677814
LOS ALMENDROS (Hostería 2)	Vía Panamericana	2677293
MARCJOHN'S (Hotel 1)	24 de Mayo e Isidro Ayora	2677631

Nombre / Name	Dirección / Address	Telf. / Phone
ROSAL DEL SOL (Hostería 1)	Av. Eliceo Arias, km 1 Vía a la Costa	2651864

CELICA

MADAJARY (Hostal 2)	Manuela Cañizáres y Abdón Calderón	2657266

ESPÍNDOLA

GUABO REAL (Residencia 2)	Manuel Enrique Rengel y Chiguas	2653061

MACARÁ

AQUAZUL (C. Turístico 2)	Panamericana, Vía a Zapotillo	2694083
EL CONQUISTADOR (Hostal 2)	Bolívar y Abdón Calderón	2594037
KARINA (Hostal 2)	10 de Agosto y A. Ante	2694764
LOS ARROZALES (Hostal-Res 2)	10 de Agosto y Amazonas	2644300
LOS CEIBOS (Motel 2)	Vía a Zapotillo km 6	2695077
SANTIGYN (Hostal 2)	Bolívar y Manuel Rengel	2695035
TERRA VERDE (Hostal 2)	Km 1 1/2 Vía a La Costa	2694540

PINDAL

MI VIEJO (Pensión 2	Comercio e Isidro Ayora	2582202
PIEDRA TORRE (Pensión 2)	18 de Noviembre y Lautaro Loaiza	2580594

PUYANGO

EL BOSQUE (Pensión 2)	Sucre y 10 de Agosto	2680090
GRAND HOTEL SICA (Hostal-Res 2)	10 de Agosto y Colón	2680230
REY PLAZA (Hostal 2)	Guayaquil y Colón	2680630

SARAGURO

ACHIK WASI (Hostal 2)	Intiñan, sector La Luz	2200061

ZAPOTILLO

LAS PALMERAS (Pensión 2)	Sucre y Las Palmeras	091865660
LOS CHARANES (Hostal 2)	Quito y Av. Jaime Roldós	2647249
MI FAMILIA (Hotel 2)	Juan Montalvo y Sucre	2647134
SOL DE PLATA (Pensión 2)	Quito y Av. Jaime Roldós	2647398
VERDES TAMARINDOS (Hostal-Res 2)	Quito y Av. Jaime Roldós	2647111

LOS RÍOS (Código Telefónico 05)

BABAHOYO

DOS CORAZONES (Motel 2)	Vía Montalvo km 71 1/2	
EL GRAN RIVER (Hostal 2)	10 de Agosto s/n y Pedro Carbo	2 736890
EL MAGNATE (Termas y balneario 2)	Vía Babahoyo-Juján km 5 ½	
GRAN DANIEL (Hostal 2)	27 de Mayo No 417 y 5 de Junio	2730571
LA LUNA (Motel 2)	S/N Junto Al Rancho Faytong, Vía Babahoyo Jujan, km 4	
LOS ANDES (Hostal 2)	G. Moreno 107 y Chopitea	2731037
LOS FICUS (Motel 2)	km 4 Vía Babahoyo - Jujan	
PERLA VERDE GRAND HOTEL (Hotel 2)	5 de Junio s/n Pedro Carbo	2735735
RIVERAS DEL BABAHOYO (Hotel 2)	Malecón y Pedro Carbo	
SAN PABLO (Termas y balneario 2)	Vía Flores s/n km 1 1/2	2 731355

Nombre / *Name*	Dirección / *Address*	Telf. / *Phone*

BUENA FE

GRAN CHEROKEE (Hostal 2)	Calle Felipe Álvarez s/n y Hábiles	2951002
JOSYMAR (Pensión 2)	Luis Pincay 1004 y Av. 7 de Agosto	2951516
MEJIA (Pensión 2)	Av. 7 de Agosto y José J. de Olmedo	2951153

MONTALVO

CAMINO REAL (Hostal 2)	Antonio de La Bastida 306 y 10 Agosto	2953088
PISAGUA (Termas y balneario 2)	Via Guaranda km 3	
RIO CRISTAL (Termas y balneario 2)	Via Flores 153	
SABANETAS (Hostal 2)	27 de Mayo S/ N y 10 de Agosto	2953375

QUEVEDO

ALMAQUINT (Hostal 2)	Las Mercedes km 15 a Valencia	2759932
CALIFORNIA (Motel 2)	Cdla. Tunguraguense Calle Cuarta s/n y F	2752525
CENTRAL (Hostal 2)	Bolívar 25 y La Novena	2750701
CLIGUA (Pensión 2)	Bolivariana 1115 y Décima segunda	2753075
CONTINENTAL (Hostal 2)	7 de Octubre y La Octava	2750035
COSTA DEL SOL (Hotel-Res 1)	Av. Walter Andrade S/N	2754862
DEBARRO'S (Hostal 2)	Av. 7 de Octubre y Décima segunda	2753151
EL JARDIN (Motel 2)	km 3 Via El Empalme	
HILTON (Hostal 2)	Progreso y La Novena	2751359
INGLES (Hotel 1)	Av. 7 de Octubre y Décima segunda	2751115
JHONATAN 2 (Hos-Res 2)	Via El Empalme km 1 ½	2758548
LOS HELECHOS (Hostal 2)	Vía A Alfaro, vigésima cuarta	2751054
MI CASA BLANCA (Hostal 2)	7 de Octubre y Bolívar	
OLIMPICO (Hotel 1)	Cdla San José	
PARIS (Hos-Res 2)	Séptima y Progreso	
PRESIDENTE (Hostal 2)	Principal, Cdla. Jardines del Este	2756427
QUEVEDO INTERNACIONAL (Hotel 2)	Calle 12ava. 205 y 7 de Octubre	2751855
RANCHO GALAXIE (Hostal 2)	Principal s/n km 3, Vía a Valencia	2759932
RIVERSIDE (Hos-Res 2)	Cdla. Nuevo Quevedo, Calle Principal S/N	
STATUS (Hostal 2)	San Camilo Calle Camilo Arévalo y L	

VENTANAS

TADIRA (termas y Balneario 2)	Recinto Tarira	

VÍNCES

SEÑOR DE LOS CABALLOS (Hostería 1)	Av. 13 de Enero km 15	2833302

MANABÍ (Código Telefónico 05)

PORTOVIEJO

BLUE OCEAN (Hotel 2)	Cdla. Brisas del Mar, Calle 67, Sector Los Arenales	2340413
CABRERA INTERNACIONAL (Hotel 2)	García Moreno 102 y P. Gual	2633200
CALIFORNIA (Hostal 2)	Av. Olímpica y Paján	2931365
CASA GRANDE (Hostería 2)	Malecón y Calle de La Iglesia N.-100	2340133
CEIBO REAL (Hotel 1)	Av. Manabí y Juan Pío Montúfar	
CEIBO REAL (Hotel 1)	Av. Manabí y Juan Pío Montúfar	2630644
CENTAUROS (Motel 2)	km 5 1/2 Vía Manta	2620461
EJECUTIVO (Hotel 1)	18 de Octubre y 10 de Agosto	2630840
EL GATO (Hostal 2)	Pedro Gual y Olmedo	2686908
EL GRAN TAURUS (Motel 2)	Recinto Tarira	
EL PRINCIPADO (Hostal 2)	Av. Paulo E. Macias y Tennis Club	2631243
EL VELERO (Hostería 2)	Calle 25 de Mayo y Costa Azul	2340350

Nombre / *Name*	Dirección / *Address*	Telf. / *Phone*
EMPERADOR (Hotel-Res 1)	Av. Manabí y Francisco P. Moreira	2638316
GIMVERJUD (Termas y Balneario 2)	Vía Santa Ana km 7 ½	2420698
HACIENDA LAS DELICIAS (C. Turístico 2)	Vía Portoviejo Quevedo km 33	2630881
MAXIMO (Hotel-Res 2)	Av. América y Av. 5 de Junio	2636521
NEW YORK (Hotel 1)	Francisco de Paula Moreira y Olmedo	2632395
QUINTA SAN JUAN (Hostería 2)	Av. 5 de Junio, km 1 1/2 Vía Picoazá	2632137
REALES TAMARINDOS (Hostal 2)	Reales Tamarindos y Tennis Club	2653622
SAN MARCOS (Hotel 2)	Olmedo y 9 de Octubre	2650055
VENECIA (Hostal 2)	Malecón y Matilde Cruzatty	2340301

BAHÍA DE CARÁQUEZ

ARENAS INT. (Hostal-Res. 1)	Barrio Los Samanes y Malecón	2615054
BAHIA (Hotel 2)	Malecón	2693833
CASA CEIBO (Hostal 1)	Vía Bahía-Tosagua km 5 1/2	2239939
CASA GRANDE (Pensión 1)	Av. Virgilio Raty	2691586
CHEDIAK (Hos-Res 2)	Sitio San Alejo	2615499
DEL PACIFICO (Cabaña 2)	Malecón	099589801
DEL ROCIO (Cabañas 2)	Malecón Quito Norte	2615477
DELFINES BEACH (Hostal 2)	Av. Principal	2614530
EL EDEN (Hostal 2)	Principal y Quito	093530262
ITALIA (Hostal 1)	Av. Bolívar y Checa	2691137
LA "Y" (Motel 2)	Vía a Chone km 8	2398868
LA HERRADURA (Hotel 1)	Av. Bolívar y Circunvalación	2690265
LA PIEDRA (Hotel 1)	Av. Circunvalación 803	2690154
LAS ACACIAS (Hos-Res 2)	Vía Laboratorios	2615052
LIFE (Cabaña 2)	Octavio Viteri y Muñoz Dávila	2690496
PALMAZUL (Hostal 1)	Malecón Quito Norte	2615008
PENON DEL SOL (Hostería 2)	Sitio La Punta de San Clemente	099414149
SAINANDA (Hostal 2)	Kilómetro 6 1/2	2399288
SAN CLEMENTE (Hostería 1)	Principal	2615056
SAN JACINTO (Hostal 2)	Malecón Quito Norte	2615516

CHONE

ATAHUALPA DE ORO (Hotel 1)	Atahualpa y Páez	2698340
CHONANAS (Hos-Res 2)	Washington y Atahualpa	2695236
LOS JARDINES(Motel 2)	Vía Canuto	

EL CARMEN

KEOPS (Motel 2)	Av. Chone km 30	2660240
PUERTA DE ORO (Hostal-Res 2)	4 de Diciembre y Eloy Alfaro	3660264

JAMA

PUNTA BLANCA (Hostería 2)	Don Juan km 36	2410272
PUNTA PRIETA (Hostería 2)	Km 36 Vía Pedernales	092259146

JARAMIJÓ

LAS CABAÑAS	km 5.5 Vía Manta -Rocafuerte	2613773

JIPIJAPA

ALEJANDRA (Cabaña 2)	Vía La Boca de Cantagallo	2616035
EL CAFÉ DE IC (Hostal-Res 2)	Alejo Lascano, sector del IESS	2600737
EXPEDICIONES CAYO (Cabaña 2)	Av. Guayas y Malecón	2922447
JIPIJAPA (Hos-Res 2)	Santiesteban y Eloy Alfaro	2601412
LAS PALMERAS (Cabaña 2)	Puerto Cayo, Vía a La Boca	2930831
LOS FRAILES(Hostal 2)	Malecón de Puerto Cayo	2616014

Nombre / Name	Dirección / Address	Telf. / Phone
LUZ DE LUNA (Hostería 2)	Vía a La Boca de Cantagallo	2616031
PUERTO CAYO (Hostal 2)	Final del Malecón	2616019
SEPTIMO PARAISO (Hotel Lujo)	km 2 1/2 Vía a Guayaquil	2601892

MANTA

AGUA BLANCA (Hotel 1)	Calle 105 y Av. 108	2629933
BALANDRA (Hotel 1)	Av. 7 y Calle 20	2620545
BALZAPAMBA (Hotel 1)	Manta	2629594
BARBASQUILLO (Hotel 1)	Vía a Barbasquillo	2625828
CABRERA INTERN. (Hotel 2)	García Moreno y Pedro Gual	2633199
COLON (Hostal 2)	Colón 212 y Olmedo	2634004
CONQUISTADOR (Hotel 2)	18 de Octubre s/n	2631481
EJECUTIVO (Hotel 1)	18 de Octubre y 10 de Agosto	2630840
EL GATO (Hostal 2)	Pedro Gual s/n	2632856
ESTRELLA DE MAREL (Hotel 1)	Calle 3 y Av. 7	2627332
FRANCISCO (Hotel 1)	Av. 24 de Mayo y Calle 2da.	2620902
GIRASOL (Hostal 2)	Luis A. Giler y Gran Colombia	2640444
GOLETA (Hostal 2)	Calle 19 y Av. 12	2613370
HOWARD JOHNSON (Hotel 1)	Vía a Barbasquillo km 1 ½	2629999
LAS GAVIOTAS (Hotel 1)	Malecón de Tarqui y calle 105	2620140
LEO (Hotel 1)	Av. 9 y 24 de Mayo	2623159
MADRID (Hostal 2)	García Moreno	2656202
MANTA BEACH (Hostería 2)	Calle 127 Vía al Aeropuerto	2 923792
MARIA JOSE (Hostal 1)	Flavio Reyes y calle 29	2628562
MAXIMO (Hostal 2)	Cumandá	2636521
MAYITA (Hotel 1)	Calle 102 y Av. 107	2627005
MI KASA (Hostal 2)	Calle 12 Vía a San Mateo	2623559
NEW YORK (Hotel 1)	F. de P. Moreira y Olmedo	2631969
ORO VERDE (Hotel Lujo)	Malecón y Calle 23	2629200
PACIFICO INN (Hotel 1)	Malecón de Tarqui	2622475
PATRICIO´S (Hostal 2)	Segunda Transversal	2653282
SAN MARCO (Hotel 1)	Olmedo 706 y 9 de Octubre	2650055
UMINA (Hotel 1)	La Ensenada, diagonal al paso lateral	2623295

MONTECRISTI

MIRADOR (Pensión 2)	10 de Agosto 201 y Rocafuerte	2310410
MONTECRISTI REAL (Hostal 1)	9 de Julio y Av. Metropolitana	2310108
ORLANDO (Hostal 2)	km 7.5 Vía a Manta	2922830
SINAI (Termas y balneario 2)	Vía Circunvalación tramo 2	3000502
TAURINO (Motel 2)	Circunvalación Tramo III	2924145
TAURUS (Motel 2)	Sitio El Arroyo	2920887

PEDERNALES

AGUA MARINA (Hostal 2)	Av. Jaime Roldós 413 y Velasco Ibarra	2680491
ALBELO (Hos-Res 2)	Plaza Acosta y Malecón	2681372
CATEDRAL DEL MAR (Cabaña 1)	Juan Pereira y Malecón	2681468
IL PEPERONCINO (Cabaña 2)	Tabuga Vía a Jama	
LASTMAR (Hotel 1)	Av. Eloy Alfaro y Malecón	
MR. JOHN (Hos-Res 2)	Plaza Acosta Malecón	2680235
PUERTO ESCONDIDO (Cabaña 2)	km 4 Vía El Carmen	097009089
ROYAL (Hostal 1)	García Moreno y Malecón	2681218
TEKENDAMA (Hostal-Res. 2)	Malecón Plaza Acosta	082926940
YAM YAM (Hostal 2)	González Suárez y Juan Pereira	2680566

PUERTO LÓPEZ

ALMARE (Hostería 1)	Vía Ayampe, Calle Principal	2589411
ATAMARI (Hostería 1)	km 83 Vía Santa Elena	099515213

Nombre / Name	Dirección / Address	Telf. / Phone
AZULUNA (Hostería 2)	Las Tunas-Cdla. 12 de Octubre	2780693
BUNGALLOWS (Hostería 2)	Vía Puerto López-La Libertad km 25	094863985
DEL JAGUAR (Hostería 2)	Ayampe, barrio María Auxiliadora	085767096
DEL PARQUE (Hostería 1)	Vía Principal, Machalilla	2589137
EQUSS ERRO (Hostería 1)	La Libertad, Las Tunas	2780571
FINCA PUNTA AYAMPE (Hostería 2)	Vía Manglaralto	090776163
FLIPPER (Hostal 2)	Rocafuerte y General Córdova	2300221
HUMPBAK (Hostal 1)	Barrio San Jacinto	2600288
LA BARQUITA (Hostería 2)	Cdla. 12 de Octubre, Las Tunas	2780051
LA IGUANA (Hostería 2)	Vía Libertad	2589365
LA MESON DEL QUIJOTE (Hostería 1)	Las Tunas vía a Puerto López	2136123
LA TERRAZA (Hostería 2)	Ciudadela Luis Gencong	2300235
LA TORTUGA (Hostería 2)	Vía a Ayampe Km86	2589363
LOS ISLOTES (Pensión 2)	Malecón Julio Izurieta	2600108
MACHALILLA INTERNACIONAL (Hostal 2)	Calle Principal de Machalilla	2580107
MANDALA (Hostería 2)	Malecón Extremo Norte	2300181
MANTARAYA LODGE (Hostería 1)	Vía Salango. Puerto López	2447190
MAXIMA (Pensión 1)	Calle González Suárez	099534282
NANTU (Hostería 2)	Malecón Julio Izurieta	097814636
OCEANIC (Hostería 2)	Malecón Contiguo A Hostería Mandala	096211065
PACIFICO (Hotel 2)	Malecón Julio Izurieta	2300147
PIEDRA DEL MAR (Pensión 2)	General Córdova y Malecón	2228289
PIQUEROS PATAS AZULES (Hostería 2)	Vía Libertad, Río Chico	2589302
PLAZA REAL (Hos-Res 2)	Alejo Lascano y Calle Machalilla	2300172
REY HOJAS (Hostal 2)	Av. Machalilla y Mariscal Sucre	2300225
SOL INN (Pensión 2)	Juan Montalvo y Eloy Alfaro	2300248
SUNWAY INN (Pensión 2)	Malecón Julio Izurieta y Mariscal Sucre	2300236
TSAFIKI (Hostería 2)	Cdla. 12 de Octubre, Sector Las Tunas	2780556
TUZCO (Hostal 2)	Gral. Córdova y Juan León Mera	2300120
VIEJA MAR (Cabaña 2)	Vía Principal, barrio 12 de Octubre	087817310

SAN VICENTE

ALCATRAZ (Cabaña 1)	Malecón	2674179
BAMBU (Hostal 2)	Malecón	2616370
CANOA 2 (Hostería 1)	Vía Canoa	2616380
CANOAS WONDERLAND (Hostal 2)	Malecón	2616383
CUYABENO (Pensión 2)	30 de Noviembre	
LA CASA EN LA PLAYA Hostal-Res. 2)	Entrada a Canoa, tras gasolinera	
LA POSADA de DANIEL (Hostal 2)	Javier Santos	2616384
LA VISTA (Hostal 2)	Malecón y Moisés Aray	094196000
MONTE MAR (Cabaña 2)	Malecón Barrio Guayacanes	2674357
PACIFIC FUN (Cabaña 2)	Sitio El Recreo	
PAIS LIBRE (Hostal 1)	Filomeno Hernández	2616387
POSADA DEL SOL (Pensión 2)	Urbanización Recreo del Pacifico	
ROYAL PACIFIC (Pensión 1)	Vía Principal entrada a Canoa	2616370
SHELMAR (Hostal 2)	Javier Santos	
TORONTO (Hos-Res 2)	Av. Malecón Leonidas Vega	2675349
VACACIONES (Hostal 2)	Malecón	2674116

SANTA ANA

GIRASOL (Motel 2)	Av. Luisa. Giler y Gran Colombia	2640444
QUINTA MARIBEL (Termas y Balneario 2)	Ingreso a Santa Ana	2640333

MORONA SANTIAGO (Código Telefónico 07)

MACAS

CASA BLANCA (Hostal 2)	Soasti y Sucre	2700195
DEL VALLE (Cabaña 2)	29 de Mayo Barrio Yambas	2700226

Nombre / *Name*	Dirección / *Address*	Telf. / *Phone*
DON HUMBERT (Hostal 2)	Amazonas y Sucre	2700144
HELICONIA (Hostal 1)	Soasti y 10 de Agosto	2701956
LA LIRIA (Hos-Res 2)	12 de Febrero y 1 de Mayo	2701922
LA ORQUIDEA (Hos-Res 2)	9 de Octubre y Sucre	2700970
LEBEL 5 (Hotel-Res 2)	Don Bosco y 10 de Agosto	086159698
MANZANA REAL (Hostería 2)	Av. Capitán Villanueva y Sor María Riqueti	2700637
PLAZA (Hostal 2)	10 de Agosto y Amazonas	2701683
SOL de ORIENTE (Hotel 2)	Tarqui y Soasti	2702911
TSURIM JEA MIAZAL (Cabaña 2)	Parroquia Sevilla Don Bosco Zona Miazal	

GUALAQUIZA

BOMBOIZA SPA (Hostería 1)	Tunduli- Vía a Zamora A 5 km de Gualaquiza	091448221

SANTIAGO DE MÉNDEZ

ESTACION DEL SOL(Hostería 2)	Vía a Bella Unión	2760583
INTEROCEANICO (Hostal 2)	Quito y Domingo Comín	2760082

SUCÚA

ARUTAM (Hostería 1)	km 1 Vía a Macas	2740851
ATHENAS (Pensión 1)	Serafín Solís y Domingo Comín	2740216
DON GUIMO (Hostal 2)	Domingo Comín y Kiruba	2740483
GYNA (Pensión 2)	Domingo Comín y Kiruba	2740926

NAPO (Código Telefónico 06)

TENA

ALBERGUE ESPAÑOL (Hostal 2)	Calle Juana Arteaga .	2890004
ARAJUNO JUNGLE LODGE (Cabaña 2)	Río Arajuno, Puente de San	
ARAZA (Hos-Res 2)	Pedro 5 Minutos En Canoa	
	9 de Octubre 277 y Tarqui	2886447
AUSTRIA (Hos-Res 2)	Tarqui y Díaz de Pineda	2887205
CABANAS COTOCOCHA (Cabaña 2)	Puerto Napo km 10 Vía Al Ahuano, Venecia Derecha	2228487
CANELA (Hos-Res 2)	Amazonas s/n y Abdón Calderón	2886081
CARIBE (Hostal 2)	15 de Noviembre y Eloy Alfaro	2886518
CENTRO DE RECREACIÓN ECOLÓGICO		
MISAHUALLI (Hostería 2)	Calle José Santander Entrada Principal	2890061
CRISTHIAN´S PALACE (Hotel 1)	Juan León Mera y Juan Montalvo	2888047
EL ESTABLO DE TOMAS (Cabaña 1)	Muyuna Cruzando El Puente Vía Calvario	2886318
EL JARDIN ALEMÁN	Vía a Minas	2890122
JUNGLE LODGE (Cabaña 2)	Av.15 de Noviembre y Ambato	2886672
FLOR DE CANELA (Hostal 2)	Frente Al Colegio Misahualli, Calle Principal	2890009
FRANCE AMAZONIA (Cabaña 1)	Vía Misahuallí km 11	
HAMADRYADE LODGE (Cabaña 1)	Simón Bolívar 349 y Amazonas	2886334
INDIYANA (Pensión 2)	Río Napo, Isla El Oro	
JUNGLE LODGE DEL ALBERGUE	Juan León Mera 628 y Abdón	2890004
ESPAÑOL (Cabaña 2)	Calderón	2886318
LA CASA DEL ABUELO (Pensión 2)	Ahuano, Orillas Del Río Napo	2572164
LA CASA DEL SUIZO (Cabaña 1)	Calle 12 de Febrero y	
LA COLINA (Hostal 1)	Cuenca Bellavista Alta	2870149
LA SELVA (Hos-Res 2)	Av. Amazonas 344	2886216
LAS MELICONIAS (Termas y balneario 2)	Vía Tena-Pano km 1 1/2	2888293
LIANA LODGE (Cabaña 1)	Río Arajuno – Boca Arajuno	2887304
LOS ANTURIOS (Pensión 2)	Misahualli 148 y 12 de Febrero	2886759
LOS YUTZOS (Hotel-Res 2)	César Augusto Rueda 190	2886717
MARENA INTERNACIONAL (Hostal 2)	Calle Juana Arteaga	2890002
MISAHUALLI JUNGLE HOTEL (Cabaña 1)	Frente Al Puerto Misahualli, Cruzando El Río	2520043

Nombre / *Name*	Dirección / *Address*	Telf. / *Phone*
MOL (Hostal 2)	Sucre 432 y González Suárez	2886215
PUMA ROSA (Hostal 2)	Francisco de Orellana - Malecón	2886320
SACHA RUNA (Cabaña 2)	Via Tena-Puyo Km50 Sector El Capricho	2540466
SHANGRILÁ (Cabaña 2)	km 6 Via Tena Puyo	2886372
SUCHIPAKARI (Cabaña 2)	Vía Tena -Ahuano 20 minutos en Canoa Río Pusuno A 700 M	2954750
TRAVELLERS LODGING (Hostal 2)	15 de Noviembre 438 y 9 de Octubre	2888204
TURISMO AMAZONICO (Pensión 2)	Amazonas y Abdón Calderón	2886508
VISTA HERMOSA (Hostal 2)	15 de Noviembre 622 y Marañón	2886521
YACHANA LODGE (Cabaña 1)	Mondaña 1 Hora A Canoa Desde Ahuano	2237133
YURALPA (Cabaña 1)	Una Hora Desde Santa Rosa Río Napo	2509464

ARCHIDONA

EL PARAISO (C. Turístico 2)	Amazonas 370, Barrio 13 de Abril	2889538
HAKUNA MATATA (Cabaña 1)	Chaupishungo 3,9 km Via Adentro	098020518
HUASQUILA (Cabaña 2)	Cotundo, 3.8 km Hacua Huasquila	
ORCHIDS PARADISE (Hostería 1)	Via Archidona Quito km 1 1/2.	2889232
YANAHURCO (Ciudad vacacional 1)	Yanaurco	2223871

EL CHACO

LA GUARIDA DEL COYOTE (Hostería 2)	Urb. Bellavista, Los Guabos	

QUIJOS

COTURPA (Hostal 2)	Central General Quisquis s/n y Capitán Vela	2320640
DEL QUIJOS (Hostal 2)	Via Interoceánica y E. Sánchez	
EL ALISO (Hostal 2)	Via a Las Caucheras	2890127
GUANGO LODGE (Hostería 2)	Via Pifo-Baeza km 53	2231585
JAMANCO (Termas y balneario 2)	Via Quito-Papallacta	
KOPAL (Cabaña 2)	Via Interoceánica y Bat. Chimborazo	
LA CAMPINA DEL QUIJOS (Hostería 1)	Via Interoceánica Calle Atanasio Minda	
LA PAMPA DE PAPALLACTA (Hostería 2)	Via a Las Termas Cenapi	2320701
SAN ISIDRO LABRADOR (Cabaña 2)	Via a Las Caucheras	2320624
SIERRA AZUL (Cabaña 1)	Sector Las Caucheras	2228902
TERMAS DE PAPALLACTA (Hostería 1)	Papallacta	2254884
		2557850

ORELLANA (Código Telefónico 06)

PUERTO FRANCISCO DE ORELLANA

EL AUCA (Hotel 1)	Napo y Rocafuerte	2880127
GRAN HOTEL DEL COCA (Hotel 1)	Camilo de Torrano y Esmeraldas	2882666
HELICONIAS (Hostal 2)	Cuenca y Amazonas	2882010
LA MISION (Hotel 1)	Malecón y 12 de Febrero	2880544
OASIS YUTURI (Cabaña 2)	Río Napo Samona Yuturi 6 Horas	2880619
OMAGUAS (Hostal 2)	Quito y Cuenca	2880136
PUERTO ORELLANA (Hostal 1)	Alejandro Labaka Vía Lago Agrio	2880970
RIO NAPO (Hos-Res 2)	Bolívar Entre Napo y Quito	2880872
YARINA (Cabaña 2)	Frente A La Comuna San Carlos	2880206

PASTAZA (Código Telefónico 03)

PUYO

ALTOS DEL BOBONAZA (cabañas 2)	Via a Pomona km 14	097674686
AMAZONICO (Hostal 2)	Ceslao Marín y Atahualpa Frente Al B.N.F.	2883094
CAMPAMENTO BATABURO (Hostería 2)	Orillas Río Tigüino	2226583
CASA BLANCA (Hos-Res 1)	20 de Julio y Bolívar	2885146
COLONIAL (Hostal 1)	Av. Alberto Zambrano-Barrio La Merced	2887384

Nombre / *Name*	Dirección / *Address*	Telf. / *Phone*
D'PAULA (Hos-Res 2)	9 de Octubre y 24 de Mayo	2883912
DEL RIO (Hostal 1)	Loja y Cañar - Barrio Obrero	2883919
EL CISNE (Hostal 2)	27 de Febrero y Francisco de Orellana	2886232
EL DORADO (Hostal 2)	27 de Febrero y Césalo Marín	2885234
EL JARDIN (Hostal 1)	Paseo Turístico del Río Puyo	2887770
FINCA EL PIGUAL (Hostería 1)	Tungurahua Junto Al Río Puyo	2883137
FLOR DE CANELA (Hostería 1)	Paseo Turístico del Complejo Obrero	2885265
HACHA CASPI (Hostería 2)	Barrio El Paraíso	2887294
ISLA DEL SOL (Hostería 2)	Vía a Tarqui km 1	2887175
ISLA DEL SOL (Termas y Balneario Lujo)	Vía a Tarqui km 1/2	2885124
JEYKOV (Hostal 2)	Av. Alberto Zambrano y Francisco de Orellana	2889851
KANOAS (Hostal 2)	9 de Octubre y Lucindo Ortega	2887109
L F (Hostal 2)	Cacique Nayapi-Frente Parque Acuático	2886922
LAS PALMAS (Hostal 2)	20 de Julio y 4 de Enero	2884832
LIZANES (Hostería 2)	Vía a Shell, Santa Rosa	2889305
LOS COFANES (Hostal 2)	27 de Febrero y Ceslao Marín	2885560
MAGESTIC INN (Hos-Res 2)	Césalo Marín Frente Al Bco. de Fomento	2885417
MEXICO (Hostal 2)	9 de Octubre y 24 de Mayo	2885668
MILENIUM (Hostal 1)	27 de Febrero y Fco. de Orellana	2884691
MONTE SELVA (Termas y Balneario 1)	Vía Puyo-Shell, Barrio Santa Rosa	2886821
ORO NEGRO (Hostal 1)	9 de Octubre y Belisario Carrillo	2883354
POSADA REAL (Hostal 1)	27 de Febrero y 4 de Enero-Barrio Obrero	2883227
PUYO (Hostal 1)	9 de Octubre y 24 de Mayo	2886525
SAFARI (Hostería 2)	km 3 1/2 Vía Tena	2885465
SAMMY & JOSE (Hostal 1)	Césalo Marín y Manabí	2887613
TURINGIA (Hostería 1)	Césalo Marín 294	2885180

MERA

GERMANY (Cabaña 2)	Av. de La Unidad	2795134
LOS COPALES (Cabaña 2)	Km 1 Vía Shell-Mera	2795290

PICHINCHA (Código Telefónico 02)

QUITO

AEROPUERTO (Hostal 2)	Amazonas N50-25 y Geodésicos	2435899
AKROS (Hotel Lujo)	6 de Diciembre N34-120 y Checoslovaquia	2430600
ALCALÁ (Hostal 2)	Luis Cordero 1187 y Reina Victoria	2227396
ALEIDA'S (Hos-Res 2)	Andalucia N24-359 y Francisco Salazar	2234570
ALEJANDRO (Hotel 1)	10 de Agosto N33-72 y Rumipamba	2261033
ALSTON INN (Hotel 2)	Juan León Mera N23-41 y Veintimilla	2508956
AMARANTA (Hotel-Apart 1)	Leonidas Plaza N20-32 y J. Washington	2543619
AMAZONAS INN (Hos-Res 2)	Joaquín Pinto E4-324 y Av. Amazonas	2225723
AMBASSADOR (Hotel 1)	9 de Octubre E4-20 y Colon Esq.	2561777
ANTINEA (Apart-Turis 2)	Juan Rodríguez E-820 y Diego de Almagro	2506838
BARNARD (Hotel 1)	Queseras del Medio E11-205 y Av. Gran Colombia	2540629
BARON DE CARONDELET (Hostal 1)	Carondelet Oe3-55 y Sánchez de Avila	2921570
CABAÑAS DEL NORTE (Motel 2)	Annasayas N70-81 y Eloy Alfaro	2485594
CABANAS DEL SUR (Motel 2)	Guanazán s/n Maldonado (San Bartolo)	2673925
CAFE CULTURA (Hotel 1)	Robles 513 y Reina Victoria	2224271
CALAMA (Hostal-Res. 2)	Calama E7-49 y Almagro	2237510
CARRION (Hostal 1)	Carrión Oe2-58 y Versalles	2548256
CASA BIANCA (Hostal 2)	Asunción Oe1-41 y 10 de Agosto	2221125
CATEDRAL INTERNACIONAL (Hos-Res 1)	Mejía Oe6-36 y Benalcázar	2955438
CESAR'S PALACE (Motel 1)	Bartolomé Sánchez N74-49 y Antonio Basantes	2470408
CHALET SUISSE (Hotel 1)	Reina Victoria N24-191 y Calama	2562700
CHARLES DARWIN (Hos-Res 1)	La Colina 304 y Av. Orellana	2234323
COMPLEJO AMAZONAS(Hotel 2)	Av. Maldonado S8-252 y Cerro Hermoso	2661192
COPACABANA (Motel 2)	Isaías Toro 197 y Bartolomé Sánchez	
CORAL INTERN. (Hotel-Res 2)	Manuel Larrea N12-66 y A. Ante	2572237

Nombre / *Name*	Dirección / *Address*	Telf. / *Phone*
CORONADO (Hostal 1)	Luis Cordero 779 y 6 de Diciembre	2565643
CROWNE PLAZA BEST WESTERN (Hotel Lujo)	Los Shyris 1757 y Naciones Unid	2445305
CUMANDA (Hotel 2)	Morales 449 y Maldonado	2956984
DAN INTERNACIONAL (Hotel 1)	10 de Agosto N25-80 y Colon	2540580
DANN CARLTON QUITO (Hotel Lujo)	Republica de El Salvador E4-377 E Irlanda	2249008
DINASTIA (Hotel 2)	Selva Alegre Oe491 y Fray Gaspar de Carvajal	2230128
DORADO 2 (Hotel-Res 2)	18 de Septiembre Oe2-43 y Manuel Larrea	2525072
ECO KARMEL (Hostal 2)	Italia N33-27 y Alemania	2553444
EJECUTIVO 742 (Apart-Turis 1)	Martí de Utreras 742 y M. de Jesús	2251033
EJIDO REAL (Hos-Res 2)	Tarqui E1-206 y Luis Felipe Borja	2523565
EL BALCON (Hostal 2)	Río de Janeiro N16-87 y Salinas	2566364
EL BATAN (Hostal 2)	6 de Diciembre N37-249 y El Mercurio	2466443
EL CAIMAN (Hos-Res 2)	Juan Rodríguez E7-29 y Reina Victoria	2247775
EL CIPRES (Albergue 1)	Lérida E1-316 y Pontevedra	2549558
EL EJIDO (Hos-Res 2)	Juan Larrea N15-19 y Riofrío	2526066
EL ESCONDITE (Motel 2)	Huaynaynñan Oe1-199 y Panamericana Sur	2691876
EL JARDIN LATINO (Hos-Res 2)	Mariana de Jesús E6-41 y Amazonas	2444933
EL LORO VERDE (Hos-Res 2)	Juan Rodríguez E7-4 y Diego de Almagro	2226173
EL PATIO ANDALUZ (Hotel 1)	García Moreno N6-52 y Mejía	2288093
EL RELICARIO (Hos-Res 1)	Reina Victoria N26-114 y La Niña	2546692
EL ROSAL (Hotel-Res 2)	Rafael Arteta García 462 y Rivas	2660184
EL TAXO (Albergue 2)	Foch E4-116 y Cordero	2225593
ELIANITA (Hos-Res 2)	Av. Oriental N16-69 y Solano	2540642
EMBASSY (Hotel 1)	Wilson E8-22 y Av. 6 de Diciembre	2561990
EMERALD (Hos-Res 1)	Veintimilla 1069 y Amazonas	
ESMERALDA (Hos-Res 2)	6 de Diciembre 1554 y Veintimilla	2542771
FARGET (Hos-Res 2)	Andrés Farget N12-17 y Santa Prisca	2570074
FLORES (Hos-Res 2)	Flores 351 y Junín	2280435
FLORESTA (Hostal 1)	Isabel La Católica N24-64 y Salazar	2225376
FOLKLORE (Hostal 2)	Madrid 868 y Pontevedra	2554621
FUENTE DE PIEDRA (Hostal 1)	Presidente Wilson E9-80 y Tamayo	2525314
FUENTE DE PIEDRA 2 (Hostal 2)	Juan León Mera 721 y Baquedano	2900323
G.D. ORO (Hostal 1)	Santa Rosa 436 y Armero	2543026
GALAXIE (Apart-Turis 1)	Villalengua Oe4-196 y Carondelet	2445640
GONZÁLEZ SUÁREZ (Suites 1)	San Ignacio 2750 y J. Guerrero	2232003
GRAND HOTEL (Hotel 2)	Rocafuerte E2-32 y Pontón	2280192
HAWAY (Motel 2)	Panamericana Norte km 6 1/2	
HILTON COLON INTERNACIONAL (Hotel Lujo)	Amazonas y Patria Esq.	2560666
HOWARD JOHNSON PLAZA LA CAROLINA (Hotel 1)	Alemania E5-103 y República	2265265
HUNGARO (Hos-Res 2)	Tamayo N21-209 y Roca	2559450
IBIS SUITE(Pensión 1)	Portugal 729 y Rep. de El Salvador	2245426
INCA IMPERIAL (Hotel 1)	Bogota Oe2-27 y Salinas	2524800
ISLA ISABELA (Pensión 2)	Isla Isabela N41-21 e Isla Floreana	2240222
J.W. MARRIOT (Hotel Lujo)	Av. Orellana 1172 y Río Amazonas	2972000
JARDIN DEL SOL (Hostal 2)	José Calama E8-29 y Diego de Almagro	2230941
JARDIN QUITENO (Hostal 1)	Versalles 1449 y Mercadillo	2526011
JUANA DE ARCO (Hotel-Res 2)	Rocafuerte Oe1-05 y Maldonado	2257085
KIMBO REAL (Hos-Res 2)	Morales E1-520 y Portilla	2955140
LA CAROLINA (Hostal 1)	Italia N31-26 y Vancouver	2542471
LA CARTUJA (Hostal 1)	Leonidas Plaza 170 y 18 de Septiembre	2523662
LA CASA SOL (Hos-Res 2)	Calama 127 y 6 de Diciembre	2230798
LA COLINA (Apart-Turis 1)	La Colina N26-119 y Av. Orellana	2234678
LA CONCEPCIÓN 2 (Hos-Res 2)	Edmundo Chiriboga N48-15 y Gonzalo Salazar	2240936
LA FRAGATA (Hostal 1)	Mosquera Narváez y 10 de Agosto	2226190
LA GALERÍA (Pensión 2)	Calama 233 y Diego de Almagro	2500307
LA HIEDRA (Hotel 2)	Berlín 147 y Eloy Alfaro	2525041
LA MANSION DEL ANGEL (Hos-Res 1)	Los Ríos N13-134 y Gándara	2557721
LA POSADA DEL MAPLE (Hos-Res 2)	Juan Rodríguez E8-49 y 6 de Diciembre	2544507
LA PRADERA (Hostal 1)	San Salvador 225 y Martín Carrión	2226833
LA RABIDA (Pensión 1)	La Rábida N26-33 y Santa Maria	2221720
LA VILLA DE TOLEDO (Hostal 1)	Toledo N 24-675 y Coruña	2222755

Nombre / *Name*	Dirección / *Address*	Telf. / *Phone*
LAS CANARIAS (Hos-Res 2)	Flores N7-52 y Manabí	2954527
LATITUD ZERO (Motel 2)	Paraíso Lote 17 Vergel Via a Pomasqui	
LOS ALPES (Hostal 1)	Tamayo 233 y Jorge Washington	2561110
LOS CIBELES (Hostal 1)	Isla Floreana E5-43 y San Cristóbal	2451288
LOS FAROLES (Motel 1)	Panamericana Norte km 6 1/2	
LOS QUIPUS (Apart-Turis 1)	Lérida E14-55 y Lugo - La Floresta	2224037
MAJESTIC (Hotel 2)	Mercadillo Oe2-58 y Versalles	2546388
MARGARITA 2 (Hos-Res 2)	Ríos N12-118 y Miguel Espinoza	2950441
MARIA GRACIA (Apart-Turis 1)	Real Audiencia y Nazacola Puento Psj. D No. 34	2299050
MERCURY ALAMEDA (Hotel Lujo)	Ramón Roca E4-122 y Amazonas	2562345
MI CASA (Pensión 1)	Andalucía N24-151 y F. Galavis	2225383
MONTEVERDE (Motel 2)	Teodoro Gómez De La Torre S11-659 y Moraspungo	2656838
NUESTRA CASA (Pensión 2)	Bartolomé de Las Casas 435 y Ulloa	2225470
NUEVE DE OCTUBRE (Hotel 2)	9 de Octubre N24-71 y Colón	2525715
OTHELLO (Hostal 2)	Amazonas N20-20 y 18 de Septiembre	2565835
PALM GARTEN (Hostal 1)	9 de Octubre 923 y Cordero	2523960
PANORÁMICO (Apart-Turis 1)	San Ignacio 1188 y González Suárez	2231793
PARQUE ITALIA (Pensión 2)	Mosquera Narváez Oe5-12 y Carvajal	2224393
PICKETT (Hostal 2)	Wilson E7-12 y Juan León Mera	2551205
PIEDRA DORADA (Hotel-Res 2)	Maldonado S1-175 y Morales	2957460
PIQUELLAN (Hos-Res 2)	Veintimilla E3-35 y Páez	2540191
PLAZA CAICEDO, CROWN PLAZA (Hotel Lujo)	Los Shyris 1757 y Naciones Unidas	2445305
PLAZA DEL TEATRO I. (Hotel 2)	Guayaquil N8-75 y Esmeraldas	2959462
PLAZA GRANDE (Hotel Lujo)	García Moreno 530 y Chile	2510777
PLAZA INTERNACIONAL (Hotel 1)	Leonidas Plaza N19-150 y 18 de Septiembre	2524530
POSADA REAL (Hostal 1)	Placido Caamaño N 26-19 y Colon	2552511
PRINCIPAL (Hotel 2)	Maldonado 3063 y Quijano	2582783
QUITO (Hotel Lujo)	Av. González Suárez N27-142 y Muros	236840
QUITO PALACE (Hotel 2)	18 de Septiembre Oe3-123 y Av. América	2529112
RADISSON (Hotel Lujo)	Luís Cordero 444 y Av. 12 de Octubre	2233333
REAL (Motel 2)	Pana Norte Km 5 ½ y Anansayas	
REAL AUDIENCIA (Hotel 1)	Bolívar Oe 3-18 y Guayaquil	2950590
REINA ISABEL (Hotel 1)	Amazonas N23-44 y Veintimilla	2544454
REPUBLICA (Hotel 1)	Republica E2-137 y Azuay Esq.	2436553
RINCÓN DE BAVARIA (Hostal 2)	Páez 232 y 18 de Septiembre	2509401
RINCON DE LA ALAMEDA (Hotel-Res 2)	Ríos N12-88 y Espinoza	2956967
RINCON ESCANDINAVO (Hostal 1)	Leonidas Plaza N24-306 y Baquerizo Moreno	2225965
RIO AMAZONAS INTERNACIONAL (Hotel 1)	Luís Cordero E4-375 y Amazonas	2556666
ROMAN (Hostal 2)	Tomás de Berlanga E8-32 y Los Shyris	2248289
RUMINAHUI (Hos-Res 2)	Montúfar N3-39 y Junín	2289325
RUMIPAMBA (Hostal 2)	Pablo del Solar E7-94 y 6 de Diciembre	2449960
SAINT (Hotel 1)	El Comercio E10-113 y El Día	2417417
SAN FRANCISCO DE QUITO (Hotel 2)	Sucre Oe3-17 y Guayaquil	2287758
SANTA BARBARA (Hostal 1)	12 de Octubre N26-15 y Coruña	
SANTA CLARA INTERNACIONAL (Hotel 2)	Gustavo Darquea Oe1-76 y 10 de Agosto	2541472
SANTA MARIA (Hotel 2)	Inglaterra N32-26 y Mariana de Jesús	2562428
SANTIAGO (Hos-Res 2)	Montúfar N10-55 y El Vergel	2286784
SATORI (Pensión 1)	Pedro Ponce 262 y 6 de Diciembre	2239436
SAVOY INN (Hotel 1)	Yasuní 304 y El Inca	2460620
SEBASTIAN (Hotel 1)	Diego de Almagro 822 y Cordero	2222400
SEIS DE DICIEMBRE (Hotel 1)	Av. 6 de Diciembre N21-120 y Ramón Roca	2544866
SELVALEGRE (Pensión 1)	Selva Alegre Oe4-12 y Ruiz de Castilla	2568755
SHERATON FOUR POINTS QUITO (Hotel Lujo)	Av. Republica de El Salvador y NNUU	2970002
SIERRA MADRE (Hostal 1)	Veintimilla E9-33 y Tamayo	2505687
SIERRA NEVADA (Hostal 2)	Joaquín Pinto E4-150 y Cordero	2553658
SOL DE QUITO (Hostal 1)	Alemania N30-170 y Vancouver	2541773
STANFORD SUITES HOTEL (Hotel-Apart 1)	Av. Eloy Alfaro 3333 y José Correa	2275122
SUNSHINE (Pensión 2)	Juan León Mera y Roca	
SUR (Hostal 2)	Francisco Salazar E10-134 y Tamayo	2558087
SWISSOTEL QUITO (Hotel Lujo)	12 de Octubre 1820 y Luís Cordero	2567600
TAMARINDO (Hostal 2)	Calama E4-45 y Juan León Mera	2230442

39

Nombre / *Name*	**Dirección** / *Address*	**Telf.** / *Phone*
TAMBO REAL (Hotel 1)	12 de Octubre 670 y Queseras del Medio	2563820
TAURINO (Hos-Res 2)	Amazonas N42-40 y Tomas de Berlanga	2440755
TERRAZAS SUITES (Hos-Res 1)	Isla San Cristóbal N43-186 y Río Coca	2259620
THE ORANGE GUEST(Pensión 1)	Foch 726 y Amazonas	2569960
TIERRA ALTA (Hostal 2)	Wilson E7-79 y Diego de Almagro	2235993
TITISEE (Hostal 2	Foch E7-60 y Reina Victoria	2529063
TIWINZA (Hotel 2)	Av. Amazonas N34-29 y Río Coca	2251449
VEGA INTERN. (Hotel 2)	Flores 562 y Chile	2959833
VERSALLES (Hotel 2)	Versalles Oe3-2366 y Mercadillo	2547320
VIENA (Hotel 2)	Tamayo N24-77 y Foch	2235418
VIENA INTERNACIONAL (Hotel 2)	Flores 610 y Chile	2959611
VILLA NANCY (Pensión 2)	Av. 6 de Diciembre N24-398 y Luis Cordero	2563084
VILLA NANCY 2 (Hostal 1)	Muros 146 y González Suárez	2550839
VILLANTIGUA (Hos-Res 1)	Jorge Washington 226 y Tamayo	2528564
VIZCAYA (Hostal 1)	Rumipamba 1716 y M. Sáenz	2452252
WALTHER (Apart-Turis 1)	Alpallana 300 y D. de Almagro	2228552
WINDSOR (Hos-Res 1)	Roca E4-115 y Av. Amazonas	2224889
YALCONIA (Pensión 2)	Asunción 338 y Av. América	2227223
YUMBO IMPERIAL (Hos-Res 2)	Guayaquil N2-49 y Bolívar	2958651
ZUMAG (Hotel 2)	New Orleáns E1-21 y 10 de Agosto	2230675

CAYAMBE

CRYSTAL (Pensión 2)	9 de Octubre y Terán	2361460
EL DESCANSO (Motel 2)	San Pedro s/n y 6 de Diciembre	2127499
EL SOL DE CAYAMBE (Pensión 2)	Rocafuerte S9-016 y 29 de Septiembre	2110420
GRAN COLOMBIA (Hostal 2)	Natalia Jarrín y Calderón	2361238
HACIENDA GUACHALA (Hostería 1)	Pana Norte km 70 Sector Cangahua	2363042
IMPERIAL CAYAMBE (Hostal 2)	Ascazubi y Libertad	2364417
JATUN HUASI (Hostería 1)	Panamericana Norte km 1 1/2	2363832
LAS CABAÑAS DE NAPOLES (Cabaña 2)	Panamericana Norte km 1.5 Vía Otavalo	2360366
MITAD DEL MUNDO (Hostal 2)	Natalia Jarrín 208 y Av. Córdova Galarza	2360226

MACHACHI

CHILCABAMBA (Hostería 2)	Loreto de Pedregal vía a Sangolquí	091343476
CIELO Y MIEL (Motel 2)	Pana Sur y Marquesa de Solanda	2309524
EL CORCEL (Pensión 2)	Pana Sur km 28	2389654
EL DESCANSO DEL CHAGRA (Hos-Res 2)	Panamericana Sur s/n y km 34 1/2 - El Tambo	2314807
EL REY JORGE (Motel 2)	Panamericana Norte Lt. 2 Valle Hermoso	2310470
ESPAÑA DE TANDAPI (Pensión 2)	Vía a Aloag, lote 2	2177134
HACIENDA LA ALEGRIA (Hostería1)	Vía Quito-Machachi km 35, Rumipamba	2389863
HOSPEDERIA REFUGIO CHIGUAC (Albergue 2)	Calles Los Caras y Cristóbal Colon Sector Mamahuacho	2310396
MANANTIAL DEL SUR (Termas y Balneario 2)	Pana Sur, calle "D"	3006832
NINA RUMY (Albergue 2)	Calle Principal Barrio El Centro	2864688
PAPAGAYO (Pensión 2)	Panamericana Sur s/n km 43	2310002
PUERTA AL CORAZON (Hostal 2)	Principal, Aloasí	2309858
SAN PATRICIO (Hostería 2)	Hacienda La Lolita	2309558
SEPTIMO CIELO (Motel 2)	Autopista Amaguaña-Tambillo	2877349
TAMBOPAXI (Campamento Turístico 1)	Parque Nacional Cotopaxi	2224241
TESALIA (Termas y Balneario 2)	Ricardo Fernández Salvador s/n	2315616
UMBRIA GOURMET (Hostería1)	Principal a 1 km de Ecorosas	2314237

PEDRO MONCAYO

HACIENDA SAN LUIS	Hacienda San Luis km 4	2360464

RUMIÑAHUI

CABAÑAS LOS SAUCES (Motel 2)	Gral. Rumiñahui E Inés Gangotena Vía a Inchalillo	2332921
DEL RIO (Hostería 1)	Gral. Pintag, redondel colibrí	2338824

Nombre / Name	Dirección / Address	Telf. / Phone
EL AMANECER (Motel 2)	Av. de Los Shyris km 2 1/2 Vía Amaguaña Sector La Josefina	2333033
EL COLIBRI (Hos-Res 2)	Av. General Rumiñahui Diagonal Trucha de Oro	2521597
ENSUEÑOS DEL VALLE (Pensión 2)	Almendros L-3 y Granados	2333498
GRAN MIRADOR (Hostal 2)	Darío Figueroa y Carlos López	092763504
HOLIDAY (Hostal 2)	Av. General Enríquez 151 La y Vía Al Tingo	2863180
LA CARRIONA (Hostería 1)	Vía Amaguaña km 2 1/2	2331974
LA CASCADA SELVA ALEGRE (Termas y Balneario 2)	Juan Salinas 2250 y 22 de Mayo	2872761
LAS HIEDRAS (Pensión 2)	Gral. Pintag, Vía a Pifo	2330771
MANSION SAMZARA (Hostería 1)	Barrio Santa Clara / Otavalo y Machachi	2334141
MARQUEZ DEL VALLE (Pensión 2)	Leopoldo Mercado 842 y Juan Genaro Jaramillo	2080909
MIRO (Pensión 2)	Av. Gral Rumiñahui 1570	2864907
SOMMERGARTEN (Hostería 1)	Chimborazo 248 y Riofrío	2332761

SAN MIGUEL DE LOS BANCOS

Nombre / Name	Dirección / Address	Telf. / Phone
ARASARI (Hostería 2)	La Yaguira, vía Mindo Garden	2860669
BALNEARIO DE NAMBILLO (termas y Balneario 2)	Vía al Bravo, Nambillo	097791528
BAMBUSA (Cabaña 2)	Vía Mindo Garden, junto a la Estancia	099691213
BIO HOSTAL MINDO CLUD FOREST (Hostal 2)	9 de Octubre y Los Colibríes	2232783
BIRDSWATCHERS HOUSE (Hostal 2)	Los Colibríes, tras estadio	3900444
CASA DIVINA LODGE (Cabaña 2)	Vía Las Cascadas	091462112
CURIQUINDE HUASI (Cabaña 2)	Vía Eunuco	2765456
EDEN MINDO (Cabaña 2)	Vicente Aguirre s/n y Montúfar	2170154
EL CARMELO DE MINDO (Hostería 1)	Barrio San Carlos	3900409
EL DESCANSO (Pensión 2)	Barrio El Progreso (Estadio de Mindo)	3900443
EL ENCANTO (Hostería 1)	Vía San Miguel-Valle hermoso km 7	096346506
EL MONTE (Cabaña 2)	Barrio El Carmelo	3900402
GUAYABALES DEL LAGO (Pensión 2)	Quito y Guayabales	2170124
JARDIN DE LOS PAJAROS (Pensión 2)	Calle Progreso	3900459
KUMBHA MELA (Hostería 2)	Vía Mindo Garden	3900488
LA ESTANCIA DE MINDO (Hostería 2)	Saguambi, Vía Mindo Garden	3900500
LA POSADA DE MINDO (Pensión 1)	Vicente Aguirre Lt- 26	3900499
LA TRAINERA (Hos-Res 2)	Calle 17 de Julio a Quito	2770373
LAS TANGARAS DE MINDO (Hostería 1)	Calle Principal L-8 - Frente Destacamento de Policía	2170166
LOS YUMBOS TURISMO ECOLOGICO Y DESARROLLO (Hostería 2)	Cooperativa 1ro. de Mayo km 72 - Vía Los Bancos	099554560
MARIPOSAS DE MINDO (Hostería 2)	Calle Sin Nombre Lote 2 Camino A La Yaguira a 2 km del Pueblo Mindo	3900493
MINDO DRAGONFLY INN (Pensión 2)	Quito y Sucre	2297507
MINDO GARDEN (Hostería 2)	Mindo Loma 1 km	2252489
MINDO LAGO (Hostería 1)	Vía Mindo, entrada H. La Maga	3900501
MINDO RIO (Hostería 1)	Vía Cunucú km 5 1/2	2416511
MINDOREGATA (Hostal 2)	Vía Mindo 200 m Restaurant Chef Calle El Progreso	3900444
MIRADOR RIO BLANCO (Pensión 2)	Calle 17 de Julio	2770307
NICANCHIGUA MINDO (Hostería 2)	Río Saguambi y Río Mindo	099816701
QUINDEPUNGO (Hostal 2)	Vía a Mindo A 1/2 km del Mariposario	3900491
RIO BLANCO AVENTURAS (Hostería 2)	Riveras del Río Blanco	2525956
SACHATAMIA LODGE (Hostería 1)	Vía Calacalí La Independencia km 77 1/2 (300 m Antes de La y de Mindo)	3900906
SAPOS Y RANAS (Hostería 1)	Km 15 Vía Las Mercedes - Sector Amanecer Campesino	2251446
SEPTIMO PARAISO (Hostería 1)	Vía Mindo km 2	2893160
TANGARA LODGE (Hostería 1)	Vía Guadalupe km 6 1/2	097102127

PEDRO VICENTE MALDONADO

Nombre / Name	Dirección / Address	Telf. / Phone
ARASHA (Hostería 1)	Vía La Independencia km 121	2765349
AYALIR (Hostería 2)	Vía Puerto Quito km 114	3928001
EL REMANSO LODGE (Hostería 1)	Barrio Nuevos Horizontes	092777232
HACIENDA EL PARAISO (Hostería 1)	Vía Al Río Caoni	2392347

Nombre / *Name*	Dirección / *Address*	Telf. / *Phone*
LA EMANCIPADA (Hostería 2)	km 10 Vía Celica La Sexta	099831816
RANCHO SUAMOX (Hostería 2)	km 130 Vía a Puerto Quito - Sector Simón Bolívar	099448741

PUERTO QUITO

DON GAUCHO CABAÑAS ECOLOGICAS (Hostería 2)	km 163 Vía Quito- La Independencia	098121876
GRAN HOTEL PUERTO QUITO (Hostal 2)	Kilómetro 141 By Pass	2156349
KAONY LODGE (Hostería 1)	Recinto Unidos Venceremos km 135 Vía La Independencia	2556719
LA ISLA (Hostería 1)	Puerto Quito (Sector La Isla)	2463641
LA TORRE ECO LODGE (Hostería 2)	Recinto El Naranjito	2564425
MACALLARES (Hostal 2)	18 de Mayo 313 y Eugenio Espejo	2156088
MALACATOS (Hostería 2)	Vía Achiote 138	2156052
SELVA VIRGEN (Hostería 1)	Recinto Las Marianitas km 132	098123640
SHISHINK (Hostería 2)	km 149 Vía Calacalí - Independencia	2264105

SANTA ELENA (Código Telefónico 04)

SANTA ELENA

BAJA MONTAÑITA (Hotel 1)	Manglaralto-Recinto Baja Montañita	2568840
BALLENITA INN (Hotel 2)	Av. Fco. Pizarro	2758008
CHARO'S (Hostal 2)	Malecón y Rocafuerte	2060044
CISNE 2 (Hostal 2)	Sucre s/n y Guayaquil	2941512
DE PAPI (Cabaña 2)	Vía Principal a Olón	098123718
ECOLOGICA VALDIVIA (Hostería 2)	San Pedro-Valdivia	2916128
EL RETIRO (Hostería 1)	km 1 1/2 Vía San Vicente de Loja A 5 Cuadras del Reten Policial	9104109
FARALLON DILLON (Hostería 1)	Lomas de Ballenita	2785611
FINCA BELLA AURORA (Hostería 2)	Olón km 2, Vía San Vicente	097199201
LA BARRANCA (Hostería 1)	Vía Olón Punta Montañita km 7	093490110
LA CARACOLA (Pensión 2)	Av. Segunda s/n Intersección Calle Octava	2953956
LA CASA DEL SOL (Hostal 2)	Punta Montanita Lote 5	2515151
LAS CUMBRES DE AYANGUE (Hostería 1)	Ayangue (Colonche)	2916040
LAS OLAS (Hostería 2)	Vía a Manglaralto	2785707
LUCY (Pensión 2)	Av. Nueve de Octubre s/n y Guayaquil	2940127
MANGLARALTO (Hostal 2)	A Lado de La Junta Parroquial	
MAR CLUB (Termas y Balneario 1)	Ciudadela Punta Blnca, Manglaralto	2918294
MOCHIÇA SUMPA (Pensión 2)	Malecón y Vicente Rocafuerte	099387483
MONTANITA (Hotel 2)	Guido Chiriboga s/n y Calle Segunda	094137414
PAKALORO (Hostal 2)	Calle Tercera y Guido Chiriboga	097415413
PARADISE SOUTH (Hostería 2)	Puente, frente a la playa	097878925
PUNTA CENTINELA RESORT (Hotel Lujo)	km 10.5 Vía Manglaralto	2918550
SAN VICENTE (Termas y Balneario 2)	San Vicente	2785020
TABUBA (Hostal 2)	Luis Rosales, entrada a Montañita	2060145
TABUBA MALECON (Hostal 2)	Malecón s/n	2060039
TIERRA PROMETIDA (Hostal 2)	Guido Chiriboga	099449037
TIKI LIMBO (Pensión 2)	Guido Chiriboga y Calle 2	099540607
TRES PALMAS (Pensión 2)	Playa Montañita	2755717

LA LIBERTAD

ARENA INN (Pensión 2)	Barrio Mariscal Sucre Av. 2 533 Entre La 20 y 21	2782745
COLLINS CARRERA (Hostal 2)	Diagonal Segunda 725 y 9 de Octubre	
COSTA BRAVA (Hos-Res 2)	Calle 17 y Av. 7 Av. Barrio 12 de Octubre	2785860
COSTA DE ORO (Hotel-Res 1)	Av. Puerto Lucía, Costa de Oro	2777545
LA COSTA (Hostería 2)	Mirador Costa de Oro Mz K Solar 14 y 15	2779444
LAS GAVIOTAS (Hostal 2)	Eleodoro Solorzano N. 1435 Sl. 25 Mz. 14	2784456
MARINA RECREACIONAL (C. Turístico 1)	Sector Puerto Lucía	2782190
NEW YORK METS (Motel 1)	Cdla. Enríquez Gallo Av. 14 y Calle 20 Esquina	2784620
PLAY ZONE (C. Turístico 2)	San Francisco s/n	

Nombre / *Name*	Dirección / *Address*	Telf. / *Phone*
PORTO RAPALLO (Pensión 2)	Av. 6ta. (Eduardo Aspiazu) Entre Calle 23 y 22	2771822
TEMPORADA (Hos-Res 2)	Barrio Mariscal Sucre Av.7 Calle Salomón Pinargote y Av. Sexta	2785057
VALDIVIA CLUB (Hotel-Apart 1)	Urb. Costa Costa de Oro	2775144
VINA DEL MAR (Hostal 2)	Guayaquil y Av. Tercera	2785979

SALINAS

ARAGOSTA (Hotel-Res 2)	Av. Carlos Espinoza Larrea Cdla Milina Diagonal Al Estadio	2778720
BARCELO COLON MIRAMAR (Hotel Lujo)	Malecón s/n Marcial Romero	2771610
CALYPSO 1 (Hotel-Apart 1)	Malecón de Salinas	2772425
CAN CUN (Motel 1)	Vía Punta Carnero	2292570
CARIDI (Hostal 2)	Av. Carlos Espinoza Larrea, Mz R2	2775047
CARLONCHO (Pensión 2)	Av. Segunda y Malecón	2773194
CHIPIPE (Hotel 1)	Calle 12ava S7n y Av. Cuarta Detrás Del Municipio de Salinas	2774478
COCOS (Hostal 2)	Malecón y Calle 19 Fidon Tomala	2774349
DA VINCI (Hotel 2)	Ciudadela Costa de Oro Vía Salinas	2779375
DEL MAR (Hotel 1)	Punta Carnero Via Anconcito	2566660
DIAMOND OF THE SEA (Pensión 2)	Av. 11 s/n Intersección Calle 38	2771364
DON MINCHO (Hotel 2)	Carretero Libertad – Salinas	2775543
EL AUTENTICO DIAMANTE (Pensión 2)	Av. 12 de Octubre y 24	2774978
EL CARRUAJE (Hostal 1)	Malecón 517 y Rumiñahui	2774282
EL FARO ECOLOGICA (Hostería 2)	Cdla Milina Mz. G Solar 1-2-3-4	2778151
EL MARINERO (Pensión 1)	Av. 12 de Octubre y Humberto Garcés	2773968
EL REPOSO DEL GUERRERO (Hostería 2)	Calle 53 y Av. 43	2776134
EL TROPICAL (Hostal 1)	Calle 38 y Av. Tercera	2773338
EUSKAL BEACH (Hostal 2)	Ciudadela Italina Mz.3 solar 5	088623093
FLORIDA (Hostal 2)	Malecón y Calle 2da.	2772780
FRANCISCO 1 (Hostal 1)	Av. General Enrique Gallo y Rumiñahui	2774106
FRANCISCO II (Hostal 2)	Malecón Entre Calles 17 y 19 y Las Palmeras	2774133
GALERIA (Hos-Res 2)	Av. 22 de Diciembre y Guayas y Quid	2773597
ITALIANA (Hostal 1)	Cdla Italiana Calle 54 y 3ra.	2777200
ITALIANA (Hostal 2)	Ciudadela Italina calle 54	2777200
J & S HOTEL'S (Pensión 2)	Av. 17 ava. y calle 43	2773395
LAS CONCHAS (Hotel 2)	Ciudadela Las Conchas	2775937
LAS PALMERAS (Hostal 2)	Av. Enriquez Gallo s/n y Calle Rumiñahui Esq.	2770031
LE PETIT JARDIN (Pensión 1)	Av. de Las Américas y Av. General Enriquez Gallo	2770460
LOS GEMELOS (Hostal 2)	Ciudadela Costa de Oro	2778843
LUZ DE LUNA (Pensión 2)	Sol y Mar, solar 3	2931189
MANHATTAN (Hostal 2)	Ciudadela Italina calle 54	2778529
MAR ADENTRO (Hostería 2)	José Alberto Estrella s/n	2770665
MARINA CONFORT (Hostal 2)	Av. Malecón entre 23 y 24	
MARNIER (Pensión 1)	Ciudadela Italina solar 5	
MEDITERRANEO (Hotel 1)	Ave. 9 Calle 20 Mz. 66 Solar 17-18-1	2772313
OASIS (Hotel 2)	Calle 44 Entre Av. 20 y 21	2772473
PALACIO DEL MAR (Hostal 2)	Av. 25 y Calle 33	2774144
PLAYA CANELA (Hostería 1)	Ciudadela Costa de Oro	2931697
PLAYA DORADA (Hotel 1)	Ciudadela Milina s/n	2930647
PUERTO AGUAJE (Hostería 1)	Punta Carnero Via a Libertad	2778085
PUNTA CARNERO (Hotel Lujo)	Punta Carnero	2948058
RIVERA DEL SOL (Hostal 2)	Jaime Roldós Aguilera Mz. 30-31	2770190
SALINAS (Hotel 2)	General Enríquez Gallo	2772179
SALINAS AQUA ADVENTURE (Termas y Balneario 2)	Salinas I, Av. 3era y 14 T	2774975
SALINAS COSTA AZUL (Hotel 2)	Calle 27 y General Enriquez Gallo	2774267
TRAVEL SUITES (Hotel-Apart 1)	Av. Quinta y Calle Trece	2772856
TRES CIROS (Hos-Res 2)	Av. 12 Entre Las Calles 40 y 43	2349074
TU VENTURA (Hostal 2)	Barrio Bazán, calle 7-A	2774632
YULEE (Hostal 2)	Sector Chipipe	2772028

SANTO DOMINGO DE LOS TSÁCHILAS (Código Telefónico 02)

SANTO DOMINGO DE LOS COLORADOS

Nombre / *Name*	Dirección / *Address*	Telf. / *Phone*
ACUARIUS (Hotel 2)	Vía a Quevedo km 1 y Antonio Ante	3703165
AMERICA APART HOTEL (Hostal 2)	Río Pilatón y Río Toachi	2766918
ARACELY (Hostal 2)	Vía a Quevedo y San Miguel	2750128
BROK SIDE GARDEN (Hostería 2)	Vía a Chone km 11	098702850
CALIFORNIA (Motel 2)	Vía a Quevedo Km7 ½	099698244
CLUB HOTEL IDA MARIA (Hotel 1)	Av. Quito 1261 y Chorreras del Ñapa	2763118
COLORADOS PALADIUM (Motel 2)	Vía Chone km 11	
COVICENTER HOTEL (Hos-Res 2)	Av.29 de Mayo Entre Ambato y Cuenca	2754237
D'CARLOS (Termas-Balneario 2)	Vía Toachi-Las Mercedes km 7	2762306
DEL PACIFICO (Hotel 2)	29 de Mayo 510 e Ibarra	2752806
DEL TOACHI (Hotel-Res 2)	Vía a Quito y Río Camboya	2754688
DESCANSO DEL CONDUCTOR (Hostal 2)	Vía a Quevedo km 4 ½	3741040
DIANA REAL (Hotel 2)	Loja y 29 de Mayo Esq.	2752880
DON KLEBER (Hotel 1)	Vía a Esmeraldas km 2	2761956
EJECUTIVO III (Hotel-Res. 2)	Abraham Calazacón 102 y Lince	2740613
EL ALBERGUE (Motel 2)	Vía Los Colorados del Búa	2752683
EL CARIBE (Termas-Balneario 2)	Vía a Quevedo km 5 ½	2763015
EL MARQUEZ DE SANTO DOMINGO (Hostal-Res 2)	Vía a Quevedo km 3 1/2	3705019
EL PALMAR (Termas-Balneario 2)	Parroquia Luz de América	2722317
FARAON (Hostal 1)	Av. Chone y Juan Montalvo	3700900
GENOVA (Hos-Res 2)	Ibarra y 29 de Mayo Esq.	2759694
GENOVA 2 (Hotel 2)	Vía a Quito y Río Camboya	2743097
GRAN IMPERIAL (Hos-Res 2)	Calle C 6 y 7 (Urb. Echanique)	2753635
GRAND HOTEL SANTO DOMINGO (Hotel 1)	Río Toachi y Galápagos	2767950
IDA MARIA (Hotel 1)	Av. Quito 1261 y Chorreras del Napa	2750921
JA'SAINUM (Termas-Balneario 2)	Pre parroquia Julio Moreno	091431876
KARIBE RIBER (Hostería 2)	Vía a Quevedo km 5 ½	2767400
KASAMA LODGE (Hostería 2)	By pass Quito-Quevedo km 23	2760196
KASHAMA (Hostería 1)	Valle Hermoso km 26	2773193
LA CALETA (Hostal 2)	Ibarra 141 y 29 de Mayo	
LA CASCADA (Hostería 1)	Valle Hermoso km 26 Vía Sto. Dom. Los Bancos	
LA FINCA (Hostal 1)	Vía a Quinindé km 2	
LA FUENTE AZUL (Hos-Res 2)	Caminos Vecinales del MOP	
LA GRAN PIRAMIDE (Termas-Balneario 2)	Vía a Julio Moreno, Unión Carchense	086178180
LA GRAN TORRE AZUL (Hostal-Res 2)	Abraham Calazacón L18 y "C"	2757326
LAS CABAÑAS DE SANTO DOMINGO (Motel 2)	Vía a Quevedo km 7 ½	099441969
LAS CABAÑAS DE SANTO DOMINGO (Motel 2)	Vía a Quevedo km 7 ½	099441969
LAS PRADERAS (Hos-Res 2)	Av. Abraham Calazacón Lt. 99	2767709
LAS VEGAS (Termas-Balneario 2)	Vía a Julio Moreno km 12	091468080
LAS VEGAS DEL TOACHI (Termas-Balneario 2)	Urb. Brasilia del Toachi, Vía a Quito	
LOS ANGELES (Hos-Res 2)	Lotiz. Los Ángeles Calle B Vía Al Búa	2762562
LOS CEIBOS (Hotel 2)	Abraham Calazacón Terminal Terrestre	2767715
LOS COLORADOS (Hostería 1)	Vía a Quito km 12	2753449
LOS FIKUS (Termas-Balneario 1)	Vía a Quito km 5, lote 4	2722135
METROPOLITAN (Hotel-Res 2)	Julio Cesar Bermeo y Abraham Calazacón	2752155
MI CUCHITO (Hostería 1)	Vía a Chone Km2	
MIKASA LINDA (Hostal-Res 2)	Julio César Bermeo y Calazacón	2754485
MILENIO SANTO DOMINGO (Hotel 2)	Vía a Quevedo km 1 y Montúfar	3710516
OLIMPUS (Motel 2)	By Pass Quito- Quevedo km 1 (La Lorena)	2540979
OROS 2 (Motel 1)	By Pass Quevedo – Quito km 1	096086398
PARAISO DE LOS OLIVOS (Motel 2)	By Pas Vía Quevedo – Quito	
PATRICIA (Hos-Res 2)	Abraham Calazacón y Esmeraldas	2761906
PATRICIA (Hostal-Res 2)	Abraham Calazacón y Esmeraldas	2761906
PETIT PALACE (Hostal 2)	Av. De Los Colonos	2760608
PRINCIPE REAL (Hos-Res 2)	Ambato 714 y Portoviejo	

SANTO DOMINGO DE LOS TSÁCHILAS (Código Telefónico 02)

PUERTA DEL SOL (Hos-Res 2)	Av. 29 de Mayo y Cuenca	2751244
QUEZADA HERMANOS (Hostal-Res 2)	Urb. Caminos vecinales	2763683
RESERVA NATURAL HOTEL TINALAND (Hostería 1)	Vía a Quito km 16	3700763
REY (Hos-Res 2)	Av. A Chone 100 m del Indio Colorado	2753489
RIOS DEL VALLE (Hostal 2)	Calle 2. Urb. Echanique Cueva	
SAFIRO INTERNACIONAL (Hostal 1)	29 de Mayo 718 y Loja	091572898
SAMAWA (Hostería 1)	Vía Quito km 6	3770196
SHERATON (Hotel 2)	Abraham Calazacón (Terminal)	
SHYRI (Hotel-Res 2)	Abraham Calzacón (Terminal)	2767010
SIESTA (Hostal 2)	Av. Quito 1277 y Pallatanga	2751013
TIERRA VERDE (Hos-Res 1)	Av. Quito y Pallatanga	
TINALAND (Hostería 1)	Vía a Quito km 16	
TROPICAL INN (Hotel 1)	km 2 Vía a Quito (Recinto Ferial)	2761771
TSACHILAS (Pensión 2)	Tsachilas y 29 de Mayo	2745194
UNION DE COOPERATIVAS (Hos-Res 2)	Av. Esmeraldas 1003	2758745
VALLE HERMOSO (Hostería 1)	km 25 Vía a Esmeraldas Valle Hermoso	
VILLA CORTEZ DE SANTO DOMINGO (Pensión 2)	César Fernández, Terminal T.	2742787
YABELMI (Termas-Balneario 2)	lotización Iturralde, Vía a Quinindé	2751447
ZARACAY (Hotel 1)	Av. Quito 1639 Frente Recinto Ferial-Vía	2750316

SUCUMBÍOS (Código Telefónico 06)

NUEVA LOJA

AMAZON JUNGLE RESORT VILLAGE (Cabaña 1)	Km34 Vía a Tarapoa	2374978
ARAZA (Hotel 1)	Av. Quito 610 y Narváez	2830248
CUYABENO (Hotel 1)	18 de Noviembre y Gran Colombia	2830768
D´ MARIO (Hotel 2)	Av. Quito 171 y P. Gonzanamá	
EL COFAN (Hotel 1)	12 de Febrero y Quito	2832409
GRAN COLOMBIA (Hotel 2)	Av. Quito	
GRAN HOTEL DE LAGO (Hotel 1)	Av. Quito km 1 ½	2832415
LA CASCADA (Hotel 1)	Av. Quito 291 y Amazonas	2830124
SHALOM (Hostal 2)	Av. Quito 918 y Calle del Chofer	2831494

SHUSHUFINDI

AMAZONAS (Hostería 2)	Av. Pedro Angulo km 9	2840053
SACHA LODGE (Cabaña 1)	Orillas Río Napo	2522220
SANI LODGE(Cabaña 1)	4 Horas por El Río Napo. Com. Sani Isla	2558881

TUNGURAHUA (Código Telefónico 03)

AMBATO

ACAPULCO (Hostal 1)	Quis Quis 15-195 y Av. Atahualpa	2842316
AMAZONAS (Hos-Res 2)	Isidro Viteri y Av. Bolivariana	2852474
AMBATO (Hotel 1)	Rocafuerte y Guayaquil	2421791
AVENTURA (Motel 1)	Paso lateral, terremoto	091941889
BELLA MARIA (Hostería 2)	Las Dalias y Miraflores	2856710
BELLAVISTA (Hotel 2)	Oriente y Napo Pastaza	2847535
CEVALLOS (Hos-Res 1)	Av. Cevallos y Montalvo	2422009
CISNE IMPERIAL (Motel 2)	Barrio Yacupamba - Izamba	2854508
COLONY (Hostal 2)	12 de Noviembre 0124 y Ave. El Rey	2825789
DE LAS FLORES (Hotel 2)	Av. El Rey 333 y Mul Mul	2851424
DEL MALL (Hos-Res 1)	Av. Atahualpa y Rumiñahui	2851920
DIANA CAROLINA (Hostal 1)	Av. Miraflores 05175	2821539
EJECUTIVO (Hotel 2)	12 de Noviembre 1230 y Espejo	2825508
EL EDEN (Motel 2)	Quillanloma	2841555
EL JARDIN (Hostal 1)	México 0399 y El Salvador	2849501

Nombre / Name	Dirección / Address	Telf. / Phone
EL REY (Hostal 1)	Av. El Rey y Floreana	2826566
EL REY 2 (Hostal 2)	12 de Noviembre y Mera	2826029
EL ROSAL (Motel 2)	Panamericana Norte km 7	2854272
EMPERADOR (Hotel 1)	Av. Cevallos y Lalama	2424460
FLORIDA (Hotel 1)	Av. Miraflores 11-31	2843040
GRAN HOTEL (Hostal 1)	Rocafuerte 1133 y Lalama	2824235
IMPERIAL INN (Hostal 2)	12 de Noviembre 2492 y Av. El Rey	2826636
LA CONDESA (Cabaña 1)	Galo Vela y Veracruz	093124957
LA FORNACE (Hos-Res 2)	Los Dátiles y Guaytambos	2422562
LA PASTORELLA (Hos-Res 1)	Panamericana Norte	2859253
LA PASTORELLA (Hostería 1)	Panamericana Norte	2859253
LA PRADERA (Hos-Res 1)	Av. Los Chasquis 22120 E Isidro Viteri	2840935
LA PRADERA (Motel 2)	Km 7 Vía a Riobamba	
LAS GAVIOTAS (Motel 1)	Yacupamba	2854461
LOS PINOS (Motel 2)	Vía a Picaihua	
MADRIGAL (Hostal 1)	Av. Atahualpa, gasolinera sur	097779857
MIRAFLORES (Hotel 1)	Av. Miraflores y Los Claveles	2848971
MONACO (Motel 2)	Barrio Cristal Vía a Baños	
ORIENTAL (Hostal 2)	Av. Cevallos y 5 de Junio	2829705
ORO BLUE RESORT (Hostal 1)	Espejo 1036 y Av. Cevallos	2828343
PARIS (Hostal-Res 1)	Panamá 471 y Brasil	2520962
PIRAMIDE INN (Hos-Res 2)	Av. Cevallos y M. Egüez	2842092
PORTUGAL (Hostal 2)	Juan Cajas 0136 y Av. G. Suárez	2823218
PRESTIGE INT. (Hotel 1)	Quillán Loma	2842255
QUINTA CHARLESTON (C. Turístico lujo)	Mirabeles y La Delicia	2825217
QUINTA LOREN (Hostería 1)	Av. Los Taxos y Guaytambos	2846165
RANCHO (Motel 2)	Izamba Control Norte	2854580
REVOLUTION (Hostería 1)	Pasaje Cenepa y Av. 22 de Enero	2452142
RUTA 69 (Hotel 2)	Paso Lateral (Huachi Grande)	2854451
SAN IGNACIO (Hotel 2)	Maldonado y 12 de Noviembre	
SEÑORIAL (Hostal 1)	Av. Cevallos y Quito	2825124
TUNGURAHUA (Hotel 2)	Av. Cevallos 1834	2823784
VALLE DEL RÍO (Hostería 2)	Carrete. Patate Los Andes	

BAÑOS DE AGUA SANTA

ALBORADA (Hos-Res 2)	16 de Diciembre y Ambato	2740614
ALISAMAY INN (Hos-Res 2)	Espejo y Juan León Mera	2741391
BASCUN (Hostería 1)	Vía a El Salado	2740334
CASA REAL (Hostal 2)	Montalvo y Santa Clara	2740215
CHAMANA PAMBA (Hostería 1)	Caserío Chamana	2740541
CHARVIC (Hostal 2)	Oriente y Maldonado	2740298
DINASTIA (Hostal 2)	Oriente 11-49 y Eloy Alfaro	2740933
DONDE MARCELO (Hostal 2)	Ambato y Pasaje Napoleón	2242846
EL BELEN (Pensión 2)	Oscar Efrén Reyes y Ambato	2741024
EL TRAPICHE (Hostería 1)	Vía a Baños Puyo km 1	2740836
ENCUENTROS (Motel 2)	Caserío Juive Grande	098741751
FLOR DE ORIENTE (Hotel 2)	Ambato y Maldonado	2740418
GALA INN (Hostal 1)	16 de Diciembre y Montalvo	2742870
HABITAT (Refugio 2)	Las Dalias y Cucardas	
HOSTERIA AGOYAN (Hostería 2)	Vía Al Puyo Agoyán	2840900
INTI LUNA (Cabaña 2)	Vía Al Salado S/N	2741341
ISLA de BAÑOS (Hostal 2)	Thomas Alflants y Montalvo	2740609
LAS ROCAS (Hostal 2)	O. Efrén Reyes y E. Espejo	2740486
LE PETIT AUBERGE (Hostal 2)	16 de Diciembre y Montalvo	2740936
LISAMAY INN (Hos-Res 2)	16 de Diciembre y Julio Cañar	2741141
LOS ANDES (Hostal 2)	Oriente 118 y E. Alfaro	2740611
LOS NEVADOS (Hostal 2)	Ambato y 12 de Noviembre	2740673
LUNA RUN TUN (Hostería 1)	Cacería Runtun	2740882
MIRAMELINDO SPA (Hostería 1)	Calle Principal	2884193
MITIK PARAISO NATURAL (Hostería 2)	Río Negro, sector Las Estancias	2741744

Nombre / *Name*	Dirección / *Address*	Telf. / *Phone*
MONTE SELVA (Hostería 1)	Thomas Alflants y Montalvo	2740244
PALACE (Hotel 1)	Montalvo 20-03	2740470
SAMARI SPA RESORT (Hostería 1)	Av. Amazonas, Santa Ana	2741855
SANGAY (Hotel 1)	Plaza Isidro Ayora	2740490
SANTA CRUZ (Hos-Res 2)	16 de Diciembre y Montalvo	2740648
VOLCANO (Hostal 1)	Rafael Viera y Montalvo	2742140

PATATE

VIÑA DEL RIO (Hostería 1)	San Nicolás	2870143
LEITO (Hostería 1)	Vía a la Tranquila	2859331

SAN PEDRO DE PELILEO

DISCOTECA TORO CERVECERO (Hostal 1)	Av. La Confraternidad	2871266

TISALEO

SIERRA BELLA (Hostería 1)	Panamericana Sur, santa Lucía	092937283

ZAMORA CHINCHIPE (Código Telefónico 07)

ZAMORA

BETANIA (Hostal 1)	Francisco de Orellana y Diego de Vaca	2607030
COPALINGA (Cabaña 1)	km 3 Vía Al PNP	093477013
EL ARENAL (Hostería 1)	Vía a Yanzatza km 10 ½	2606763
NAMIREZ (Pensión 2)	Pasaje s/n, orillas del Zamora	2606825
ORILLAS DEL ZAMORA (Hostal 1)	Av. Alonso de Mercadillo	2605565
SAMURIA (Pensión 1)	24 de Mayo y Diego de Vaca	2607822
TORRES (Hos-Res 2)	Francisco de Orellana y Amazonas	2605195
TZANKA (Pensión 2)	José Luis Tamayo y pasaje s/n	2605692
WAMPUSHKAR (Hostal-Res. 2)	Diego de Vaca y Aldean	2607800

NANGARITZA

AYAMTAIC (Pensión 2)	Jorge Mosquera y Carlos Vélez	2527063
YANKUAM (Cabaña 2)	Puerto Juan-Las Orquídeas	2605739

YANZATZA

ORIENTAL (Hostal 2)	Av. Iván Riofrío y 1ero. de mayo	2300901
SEBASTIAN'S (Hostal 2)	Primero de Mayo y Av. Iván Riofrío	2300911

Fechas de Creación oficial de Provincias, Capitales de Provincia y Cabeceras Cantonales.	Official Dates of Provinces, Capital of Provinces and Cantons
Por no disponer de fechas fidedignas de las fundaciones españolas de algunas capitales provinciales, se considera cuando se erigió definitivamente mediante Decreto Ejecutivo. Además, como referencia se toma en cuenta la fecha de publicación en el Registro Oficial.	*As we do not have the true spanish foundation dates, we have considered the date on which they were decreed. As well as we take into account the date which was published in the official registar.*

QUITO: Capital de la República / *Capital of the country*
GUAYAQUIL: Capital de provincia / *Capital of the province*
Otavalo: Cabecera cantonal / *Canton*

Cantón *Canton*	Cabecera Cantonal *Canton*	Provincia *Province*	Año *Year*	Mes *Month*	Día *Day*
Aguarico	Aguarico	Orellana	1969	04	30
Alausí	Alausí	Chimborazo	1824	06	25
Alfredo Baquerizo M.	Alfredo Baquerizo M.	Guayas	1986	05	19
AMBATO	AMBATO	Fundación	1698	08	13
AMBATO	AMBATO	Tungurahua	1824	06	25
Antonio Ante	Antonio Ante	Imbabura	1938	02	12
Arajuno	Arajuno	Pastaza	1996	07	25
Archidona	Archidona	Napo	1981	04	27
Arenillas	Arenillas	El Oro	1955	11	11
Atacames	Atacames	Esmeraldas	1991	11	21
Atahualpa	Atahualpa	El Oro	1984	04	25
AZOGUÉS	AZOGUÉS	Fundación	1825	03	08
AZOGUES	AZOGUES	Cañar	1830	11	03
AZUAY	AZUAY	Provincialización	1824	06	25
Baba	Baba	Los Ríos	1824	06	25
BABAHOYO	BABAHOYO	Fundación	1948	09	30
BABAHOYO	BABAHOYO	Los Ríos	1824	06	25
Balao	Balao	Guayas	1987	11	17
zBalsas	zBalsas	El Oro	1987	02	23
Balzar	Balzar	Guayas	1903	09	23
Baños	Baños	Tungurahua	1944	12	16
Biblián	Biblián	Cañar	1944	08	08
BOLÍVAR	BOLÍVAR	Provincialización	1884	04	23
Bolívar	Bolívar	Carchi	1985	11	20
Bolívar	Bolívar	Manabí	1913	10	10
Buena Fe	Buena Fe	Los Ríos	1992	08	07
Caluma	Caluma	Bolívar	1990	08	13
Calvas	Calvas	Loja	1863	10	14
CAÑAR	CAÑAR	Provincialización	1884	04	17
Cañar	Cañar	Cañar	1880	11	17
CARCHI	CARCHI	Provincialización	1884	04	17
Carlos Julio Arosemena	Carlos Julio Arosemena	Napo	1998	08	07
Cascales	El Dorado de Cascales	Sucumbíos	1986	08	25
Catamayo	Catamayo	Loja	1981	05	22
Cayambe	Cayambe	Pichincha	1851	10	09
Celica	Celica	Loja	1879	01	01
Centinela del Cóndor	Centinela del Cóndor	Zamora Ch.	1995	03	21
Cevallos	Cevallos	Tungurahua	1986	05	13
Chaguarpamba	Chaguarpamba	Loja	1985	12	27
Chambo	Chambo	Chimborazo	1988	03	18
Chilla	Chilla	El Oro	1988	07	25
Chillanes	Chillanes	Bolívar	1967	06	12
Chimbo	Chimbo	Bolívar	1877	01	10
CHIMBORAZO	CHIMBORAZO	Provincialización	1824	06	25
Chinchipe	Zumba	Zamora Ch.	1995	03	21
Chone	Chone	Manabí	1894	07	24
Chordeleg	Chordeleg	Azuay	1992	04	15
Chunchi	Chunchi	Chimborazo	1944	07	04
Colimes	Colimes	Guayas	1988	04	29
Colta	Villa La Unión	Chimborazo	1884	08	02
Crl. Marcelino Maridueña	Crl. Marcelino Maridueña	Guayas	1992	01	28
Cotacachi	Cotacachi	Imbabura	1861	07	06
COTOPAXI	COTOPAXI	Provincialización	1851	03	26
CUENCA	CUENCA	Azuay	1824	06	25
CUENCA	CUENCA	Fundación	1557	04	12
Cumandá	Cumandá	Chimborazo	1992	01	28
Cuyabeno	Cuyabeno	Sucumbíos	1998	08	08
Daule	Daule	Guayas	1820	11	26
Déleg	Déleg	Cañar	1992	02	27

Cantón / Canton	Cabecera Cantonal / Canton	Provincia / Province	Año / Year	Mes / Month	Día / Day
Durán	Eloy Alfaro	Guayas	1986	01	10
Echeandia	Echeandia	Bolívar	1984	01	25
El Carmen	El Carmen	Manabí	1967	07	03
El Chaco	El Chaco	Napo	1988	05	26
El Empalme	El Empalme	Guayas	1971	06	23
El Guabo	El Guabo	El Oro	1978	09	07
EL ORO	EL ORO	Provincialización	1884	04	23
El Pan	El Pan	Azuay	1992	08	10
El Pangui	El Pangui	Zamora Ch.	1991	02	14
El Tambo	El Tambo	Cañar	1991	01	28
El Triunfo	El Triunfo	Guayas	1983	09	22
Eloy Alfaro	Valdez	Esmeraldas	1941	10	16
ESMERALDAS	ESMERALDAS	Esmeraldas	1824	06	25
ESMERALDAS	ESMERALDAS	Fundación	1526	09	21
ESMERALDAS	ESMERALDAS	Provincialización	1861	05	29
Espejo	El Angel	Carchi	1934	09	27
Espíndola	Espíndola	Loja	1970	04	29
Flavio Alfaro	Flavio Alfaro	Manabí	1988	04	29
GALAPAGOS	GALAPAGOS	Provincialización	1973	02	18
General Antonio Elizalde	General Antonio Elizalde (Bucay)	Guayas	1995	01	24
Girón	Girón	Azuay	1897	03	26
Gonzalo Pizarro	Gonzalo Pizarro	Sucumbíos	1986	08	25
Gonzanamá	Gonzanamá	Loja	1943	10	01
Guachapala	Guachapala	Azuay	1995	01	31
Gualaceo	Gualaceo	Azuay	1824	06	25
Gualaquiza	Gualaquiza	Morona S.	1944	08	16
Guamote	Guamote	Chimborazo	1944	08	09
Guano	Guano	Chimborazo	1845	12	20
GUARANDA	GUARANDA	Fundación	1811	11	11
GUARANDA	GUARANDA	Bolívar	1824	06	25
GUAYAQUIL	GUAYAQUIL	Fundación	1538	07	25
GUAYAQUIL	GUAYAQUIL	Guayas	1824	06	25
GUAYAS	GUAYAS	Provincialización	1824	06	25
Huamboya	Huamboya	Morona S.	1992	01	02
Huaquillas	Huaquillas	El Oro	1980	10	06
IBARRA	IBARRA	Fundación	1606	09	28
IBARRA	IBARRA	Imbabura	1824	06	25
IMBABURA	IMBABURA	Provincialización	1824	06	25
Isabela	Isabela	Galápagos	1973	02	28
Isidro Ayora	Isidro Ayora	Guayas	1996	08	02
Jama	Jama	Manabí	1998	03	20
Jaramijó	Jaramijó	Manabí	1998	04	28
Jipijapa	Jipijapa	Manabí	1824	06	25
Junín	Junín	Manabí	1952	11	20
La Concordia	La Concordia	Santo Domingo	2007	11	26
La Joya de los Sachas	La Joya de los Sachas	Orellana	1988	08	09
La Libertad	La Libertad	Santa Elena	1993	04	08
La Maná	La Maná	Cotopaxi	1986	05	19
La Troncal	La Troncal	Cañar	1983	09	22
LAGO AGRIO	LAGO AGRIO	Sucumbíos	1979	06	20
Las Lajas	Las Lajas	El Oro	1990	05	09
Las Naves	Las Naves	Bolívar	1992	08	10
LATACUNGA	LATACUNGA	Fundación	1543		
LATACUNGA	LATACUNGA	Cotopaxi	1824	06	25
Limón Indanza	Limón Indanza	Morona S.	1950	12	15
Logroño	Logroño	Morona S.	1997	01	22
LOJA	LOJA	Provincialización	1824	06	25
LOJA	LOJA	Fundación	1548	12	08
LOJA	LOJA	Loja	1824	06	25
Lomas de Sargentillo	Lomas de Sargentillo	Guayas	1992	07	22

Cantón *Canton*	Cabecera Cantonal *Canton*	Provincia *Province*	Año *Year*	Mes *Month*	Día *Day*
Loreto	Loreto	Orellana	1992	08	07
LOS RIOS	LOS RIOS	Provincialización	1860	10	06
Macará	Macará	Loja	1902	09	25
MACHALA	MACHALA	El Oro	1824	06	25
MANABI	MANABI	Provincialización	1824	06	25
Manta	Manta	Manabí	1922	09	30
Marcabelí	Marcabelí	El Oro	1986	05	06
Mejía	Mejía	Pichincha	1883	07	24
Mera	Mera	Pastaza	1967	04	11
Milagro	Milagro	Guayas	1913	09	20
Mira	Mira	Carchi	1980	08	27
Mocache	Mocache	Los Ríos	1996	05	28
Mocha	Mocha	Tungurahua	1986	05	13
Montalvo	Montalvo	Los Ríos	1984	04	25
Montecristi	Montecristi	Manabí	1824	06	25
Montúfar	Montúfar	Carchi	1906	01	01
MORONA	MORONA	Fundación	1539	05	29
MORONA	MORONA	Morona S.	1824	06	25
MORONA STGO.	MORONA STGO.	Provincialización	1954	02	24
Muisne	Muisne	Esmeraldas	1956	10	03
Nabón	Nabón	Azuay	1987	08	07
Nangaritza	Nangaritza	Zamora Ch.	1987	11	26
NAPO	NAPO	Provincialización	1959	10	22
Naranjal	Naranjal	Guayas	1960	12	13
Naranjito	Naranjito	Guayas	1972	09	06
Nobol	Nobol	Guayas	1992	08	07
Olmedo	Olmedo	Loja	1997	02	24
Olmedo	Olmedo	Manabí	1994	08	31
Oña	San Felipe de O.	Azuay	1991	05	10
ORELLANA	ORELLANA	Provincialización	1998	07	20
ORELLANA	PRTO. FRANCISCO DE O.	Orellana	1969	04	30
Otavalo	Otavalo	Imbabura	1824	06	25
Paján	Paján	Manabí	1951	11	08
Palanda	Palanda	Zamora Ch.	1997	12	02
Palenque	Palenque	Los Ríos	1990	08	02
Palestina	Palestina	Guayas	1988	07	25
Pallatanga	Pallatanga	Chimborazo	1986	05	13
Palora	Palora	Morona S.	1970	05	19
Paltas	Paltas	Loja	1861	05	29
Pangua	Pangua	Cotopaxi	1983	06	01
Pasaje	Pasaje	El Oro	1894	11	01
PASTAZA	PASTAZA	Provincialización	1959	10	22
PASTAZA	PASTAZA	Fundación	1899	05	12
PASTAZA	PASTAZA	Pastaza	1948	05	12
Patate	Patate	Tungurahua	1973	09	14
Paute	Paute	Azuay	1861	05	29
Pedernales	Pedernales	Manabí	1992	03	31
Pedro Carbo	Pedro Carbo	Guayas	1984	07	19
Pedro Moncayo	Pedro Moncayo	Pichincha	1911	10	19
Pedro Vicente Maldonado	Pedro Vicente Maldonado	Pichincha	1992	01	28
Penipe	Penipe	Chimborazo	1984	02	09
PICHINCHA	PICHINCHA	Provincialización	1824	06	25
Pichincha	Pichincha	Manabí	1986	05	13
Pimampiro	Pimampiro	Imbabura	1981	05	26
Piñas	Piñas	El Oro	1940	11	18
Pindal	Pindal	Loja	1989	08	15
Playas	Playas	Guayas	1989	08	15
Portovelo	Portovelo	El Oro	1980	08	05
PORTOVIEJO	PORTOVIEJO	Fundación	1535	03	12
PORTOVIEJO	PORTOVIEJO	Manabí	1824	06	25

Cantón *Canton*	Cabecera Cantonal *Canton*	Provincia *Province*	Año *Year*	Mes *Month*	Día *Day*
Pucará	Pucará	Azuay	1988	07	25
Pueblo Viejo	Pueblo Viejo	Los Ríos	1846	02	07
Puerto López	Puerto López	Manabí	1994	08	31
Puerto Quito	Puerto Quito	Pichincha	1996	04	01
Pujilí	Pujilí	Cotopaxi	1952	10	14
Putumayo	Pto. El Carmen de Putumayo	Sucumbíos	1969	04	30
Puyango	Alamor	Loja	1947	01	23
Quero	Quero	Tungurahua	1972	08	02
Quevedo	Quevedo	Los Ríos	1943	10	11
Quijos	Quijos	Napo	1960	08	20
Quilanga	Quilanga	Loja	1989	11	08
Quinindé	Quinindé	Esmeraldas	1967	07	03
Quinsaloma	Quinsaloma	Los Ríos	2007	11	20
QUITO	QUITO (Capital)	Fundación	1534	12	06
QUITO	QUITO (Capital)	Pichincha	1824	06	25
Río Verde	Río Verde	Esmeraldas	1996	07	22
RIOBAMBA	RIOBAMBA	Chimborazo	1824	06	25
RIOBAMBA	RIOBAMBA	Fundación	1534	08	15
Rocafuerte	Rocafuerte	Manabí	1852	09	30
Rumiñahui	Sangolquí	Pichincha	1938	05	31
Salcedo	San Miguel de S.	Cotopaxi	1919	09	19
Salinas	Salinas	Santa Elena	1937	12	27
Samborondón	Samborondón	Guayas	1955	10	31
SAN CRISTOBAL	PRTO BAQUERIZO MORENO	Descubrimiento	1535	03	10
SAN CRISTOBAL	PRTO BAQUERIZO MORENO	Galápagos	1973	02	28
San Fernando	San Fernando	Azuay	1986	05	06
San Jacinto de Yaguachi	Yaguachi (Nuevo)	Guayas	1883	07	21
San Juan Bosco	San Juan Bosco	Morona S.	1992	06	30
San Lorenzo	San Lorenzo	Esmeraldas	1978	04	05
San Miguel	San Miguel	Bolivar	1877	01	10
San Miguel de los Bancos	San Miguel de los Bancos	Pichincha	1991	02	14
San Miguel de Urcuquí	Urcuquí	Imbabura	1984	02	09
San Pedro de Huaca	Huaca	Carchi	1995	12	08
San Pedro de Pelileo	Pelileo	Tungurahua	1860	07	22
San Vicente	San Vicente	Manabí	1999	11	24
Santa Ana	Santa Ana de Vuelta Larga	Manabí	1884	06	07
Santa Clara	Santa Clara	Pastaza	1992	01	02
Santa Cruz	Santa Cruz	Galápagos	1973	02	28
SANTA ELENA	SANTA ELENA	Provincialización	2007	10	17
SANTA ELENA	SANTA ELENA	Santa Elena	1937	12	27
Santa Isabel	Santa Isabel	Azuay	1945	01	20
Santa Lucía	Santa Lucía	Guayas	1987	02	03
Santa Rosa	Santa Rosa	El Oro	1878	05	27
Santiago	Santiago	Morona S.	1911	11	13
Santiago de Pillaro	Pillaro	Tungurahua	1851	10	09
Santo Domingo	Sto Domingo de los Colorados	Santo Domingo	1967	07	03
SANTO DOMINGO DE LOS TSÁCHILAS	SANTO DOMINGO DE LOS TSÁCHILAS	Provincialización	2007	09	15
Saquisilí	Saquisilí	Cotopaxi	1943	10	18
Saraguro	Saraguro	Loja	1878	05	27
Sevilla de Oro	Sevilla de Oro	Azuay	1992	08	10
Shushufindi	Shushufindi	Sucumbíos	1984	08	07
Sigchos	Sigchos	Cotopaxi	1992	08	07

Cantón Canton	Cabecera Cantonal Canton	Provincia Province	Año Year	Mes Month	Día Day
Sigsig	Sigsig	Azuay	1839	09	18
Simón Bolívar	Simón Bolívar	Guayas	1991	05	27
Sozoranga	Sozoranga	Loja	1975	11	28
Sucre	Sucre	Manabí	1875	11	03
Sucúa	Sucúa	Morona S.	1962	12	08
SUCUMBIOS	SUCUMBIOS	Provincialización	1989	02	11
Sucumbíos	Sucumbíos	Sucumbíos	1955	01	31
Suscal	Suscal	Cañar	1996	09	20
Taisha	Taisha	Morona S.	1996	06	28
TENA	TENA	Fundación	1560	11	15
TENA	TENA	Napo	1969	04	30
Tisaleo	Tisaleo	Tungurahua	1987	11	17
Tosagua	Tosagua	Manabí	1984	01	25
TULCÁN	TULCÁN	Fundación	1535	06	11
TULCÁN	TULCÁN	Carchi	1851	04	11
TUNGURAHUA	TUNGURAHUA	Provincialización	1860	07	23
Urbina Jado	El Salitre	Guayas	1959	12	08
Urdaneta	Catarama	Los Ríos	1913	10	13
Valencia	Valencia	Los Ríos	1995	12	29
Veinticuatro de Mayo	Sucre	Manabí	1945	02	19
Ventanas	Ventanas	Los Ríos	1952	11	20
Vinces	Vinces	Los Ríos	1855	11	09
Yacuambi	Veintiocho de Mayo	Zamora Ch.	1960	08	20
Yanzatza	Yanzatza	Zamora Ch.	1981	02	26
ZAMORA	ZAMORA	Fundación	1548		
ZAMORA CH.	ZAMORA CH.	Provincialización	1953	01	08
Zapotillo	Zapotillo	Loja	1980	08	27
Zaruma	Zaruma	El Oro	1824	06	25

Calendario de Fiestas Populares Cívicas, Folclóricas y Religiosas

Ecuador es un país que festeja profundamente sus tradiciones, costumbres y valores arraigados en su ser.

En el calendario festivo que presentamos, de los diferentes pueblos, aparecen fechas en las que se integran propios y extraños en la participación y disfrute de eventos de carácter cívico, social, cultural, deportivo y religioso.

Por su diversidad etnocultural, el ecuatoriano, de cualquier región del país, conserva y manifiesta espectáculos costumbristas expresados en desfiles llenos de folclor y colorido. En cada festividad se presenta vestimentas propias del lugar, juegos pirotécnicos, danzantes, enmascarados, toros de pueblo, elecciones de reinas del lugar, competencias deportivas, manifestaciones religiosas como peregrinaciones y misas; generalmente las celebraciones cierran con bailes y verbenas populares, que se realizan en calles y plazas de la población que festeja su conmemoración o aniversario.

Calendar of Popular, Civic. Folk and Religious Festivities

Ecuador is a country that deeply celebrates its traditions, customs and values, that are inside us.

This celebration calendar involves national and foreign tourists inside the participation and enjoyment of these civic, social, cultural, sport and religious celebrations.

Because of our ethnic diversity, ecuadorians, from any part of the country keep and express custom events expressed in parades full of folk and color.

Ecuadorians show clothing, fireworks, dancers, bulls, queen elections, sports competence, religious shows as religious marches and church ceremonies; these celebrations are usually closed with parties carried out in the streets and squares of the town that celebrate its foundation or anniversary.

Día /Day	Población /Town	Festividad /Festivity	M	C

ENERO (*) Transcurso del mes - As the month goes by

Día	Población	Festividad	M	C
*	Salinas	Los Tres Reyes	4	C7
1	País	Año Nuevo	0	00
2	Cuenca	Reyes Magos	7	D1
6	País	Reyes Magos	0	00
6	Ambato	Reyes Magos	5	B1
6	Calpi	Reyes Magos	4	D8
6	Chillogallo	Reyes Magos	2	C7
6	Cuenca	Reyes Magos	6	D7
6	Gatazo Grande	Reyes Magos	4	D8
6	Licán	Reyes Magos	4	D8
6	Montecristi	Reyes Magos	4	B2
6	Pujilí	Reyes Magos	4	A8
6	Tisaleo	Reyes Magos	4	C8
8	Cacha	Virgen Purita	1	C8
8	ZAMORA CH.	Provincialización, 1953	9	A5

FEBRERO (*) Transcurso del mes - As the month goes by

Día	Población	Festividad	M	C
*	País	Carnaval	0	00
*	Ambato	Carnaval, desfiles y comparsas	5	B1
*	Guaranda	Carnaval, bailes populares y desfiles	4	D7
*	Manta	Carnaval, elección Miss Tanga, Mr. Bronceado	4	A2
*	Pujilí	Adoración Niño de Isinche	4	A8
*	Ricaurte	Del Cuy	6	D7
1	Mira	Virgen de la Caridad	1	D7
2	Mira	Virgen La Churosita	1	D7
11	SUCUMBIOS	Provincialización, 1989	3	A5
12	País	Día del Oriente	0	00
12	Galápagos	Posesión de las Islas, 1832	0	00
14	País	Día del Amor y la Amistad	0	00
18	GALAPAGOS	Provincialización, 1973	0	00
18	Macas	Virgen Purísima	7	B2
18	Puerto Baquerizo	Fundación, 1973 (Capital provincial)	0	00
23	Bahía de Caráquez	Declarada Ciudad Ecológica	4	B3
24	MORONA S.	Provincialización, 1954	7	B2
27	País	Batalla de Tarqui, 1829	0	00
27	País	Día del Civismo y La Unidad Nacional	0	00

MARZO (*) Transcurso del mes - As the month goes by

Día	Población	Festividad	M	C
1	Vinces	Regata Vinces - Guayaquil	4	C5
2	Atuntaqui	De la caña, verbenas, bailes populares	1	D7
2	Atuntaqui	Vía crucis, en Viernes Santo	2	A8
4	Gualaceo	Del Durazno	6	D8
8	País	Día de la Mujer	0	00
8	Azogues	Fundación,1825	6	D8
10	Galápagos	Independencia, 1535	0	00
10	Galápagos	Descubrimiento,1535	0	00
12	Portoviejo	Fundación, 1535	4	B3
21	País	Día del Solsticio de Verano	0	00
30	Saraguro	De las frutas	8	C5

ABRIL (*) Transcurso del mes - As the month goes by

Día	Población	Festividad	M	C
1	COTOPAXI	Provincialización, 1851	5	A1
7	País	Día de la Salud	0	00
11	Tulcán	Cantonización, 1851	1	C8
12	Cuenca	Fundación, 1557	6	D7
13	País	Día del Maestro	0	00

Día /*Day*	Población /*Town*	Festividad /*Festivity*	M	C
14	País	Día de las Américas	0	00
17	Tena	Cantonización, 1884	5	A3
19	Riobamba	Feria Ganadera y Artesanal (19-21)	5	D1
21	Riobamba	Independencia, 1822	5	D1
22	Archidona	De la Chonta (22- 25)	5	A3
22	Ibarra	Feria popular Latinoamericana de artesanías (22-26)	1	D7
22	País	Día de la Tierra	0	00
23	BOLIVAR	Provincialización, 1884	4	D7
23	País	Día Internacional del Libro	0	00
23	CAÑAR	Provincialización, 1884	6	D8
23	EL ORO	Provincialización, 1884	8	B2

MAYO   (*) Transcurso del mes - As the month goes by

*	Bolívar (Carchi)	Señor de la Buena Esperanza (1Dmgo.)	1	D8
*	País	Día de la Madre (Segundo Domingo)	0	00
1	País	Día del Trabajo	0	00
1	Otavalo	San Luis, celebración hogareña (1-4)	2	A8
2	Checa	Señor de la Buena Esperanza (2-3)	2	B8
2	Cuenca	Barrio Cruz del Vado, programas místicos	4	D7
2	Oña	De la cruz, danzas enmascarados	8	B5
3	Caranqui	De la Cruz, fiesta religiosa	1	D7
3	Riobamba	De La Santa Cruz	4	D8
4	Otavalo	San Luis, fiesta religiosa	2	A8
8	País	Día dela Cruz Roja	0	00
11	El Oro	Independencia, 1895	8	B2
11	Puyo	Feria agropecuaria (11-14)	5	C3
12	Puyo	Fundación, 1899	5	C3
15	BOLIVAR	Provincialización, 1884	4	D7
20	Galápagos	Designado Parque Nacional, 1959	0	00
21	País	Día del Arbol	0	00
24	País	Batalla de Pichincha, 1822	0	00
24	QUITO	Independencia, 1822	2	B7
24	Guaranda	Señor de la Buena Esperanza	4	C7
24	Junín	San Ignacio, bailes populares	4	A3
29	País	Oficializó Nombre de Ecuador 1822	0	00
29	ESMERALDAS	Provincialización, 1861	1	B2
29	Macas	Fundación, 1539	7	B2
29	País	Oficializó Nombre de Ecuador 1822	0	00
29	TUNGURAHUA	Provincialización, 1861	5	B1

JUNIO   (*) Transcurso del mes - As the month goes by

*	País	Día del Padre (Tercer Domingo)	0	00
1	País	Día del Niño	0	00
1	Angamarca	Corpus Cristi	4	B8
1	Machala	Fundación, 1884	8	B2
1	Pujilí	Corpus Cristi	4	A8
1	Salcedo	Corpus Cristi	5	B1
5	País	Día del Liberalismo	0	00
5	País	Día del Medio Ambiente	0	00
11	Tulcán	Fundación, 1535	1	C8
13	Simiatug	San Antonio, procesiones	4	B8
14	Cuenca	Corpus Cristi, danzantes, castillos	6	D7
14	Pujilí	Corpus Cristi, danzantes, castillos	4	A8
14	Salasaca	Corpus Cristi, danzantes, castillos	5	C1
14	Saraguro	Corpus Cristi, danzantes, castillos	8	C5
16	Ingapirca	Música y Danza (16-18)	6	C8
20	Nueva Loja	Fundación, 1979 (Capital Provincial)	3	A5
21	Pujilí	Corpus Christi, danzantes, vestimentas típicas	4	A8

Día / Day	Población / Town	Festividad / Festivity	M	C
22	Calpi	Gallo compadre, vacas locas, castillos	4	D8
22	Cotacachi	San Juan, rito de la rama, quema de chamiza	2	A8
22	Otavalo	San Juan, rito de la rama, quema de chamiza	2	A8
22	Sangolquí	Del Maíz y del Turismo	2	C7
23	Cayambe	Del Maíz y del Turismo	2	A8
23	Mitad del Mundo	Del Maíz y del Turismo	2	B7
24	Chimborazo	San Juan, bailes, chamizas	4	D8
24	Imbabura	San Juan, Inti-Raymi	1	D7
24	Juncal	Danzantes, bailes	4	C7
25	AZUAY	Provincialización, 1824	6	D7
25	CHIMBORAZO	Provincialización, 1824	4	D8
25	GUAYAS	Provincialización, 1824	6	A7
25	IMBABURA	Provincialización, 1824	1	D7
25	LOJA	Provincialización, 1824	8	D5
25	MANABI	Provincialización, 1824	4	B3
25	PICHINCHA	Provincialización, 1824	2	B7
28	Alausí	San Pedro y San Pablo, juegos pirotécnicos	6	B8
28	Cayambe	San Pedro y San Pablo, juegos pirotécnicos	2	B8
28	Checa	San Pedro y San Pablo, juegos pirotécnicos	2	B8
28	La Magdalena	San Pedro y San Pablo, juegos pirotécnicos	2	C7
28	Licán	San Pedro y San Pablo, juegos pirotécnicos	4	D8
28	Pimampiro	San Pedro y San Pablo, juegos pirotécnicos	1	D8
28	Pomasqui	San Pedro y San Pablo, juegos pirotécnicos	2	B7
28	Portoviejo	San Pedro y San Pablo, juegos pirotécnicos	4	B3
28	Tabacundo	San Pedro y San Pablo, juegos pirotécnicos	2	B8
29	Calpi	Juego de naranjas, celebraciones populares, (29-3)	4	D8
29	Guaranda	Dan Pedro y San Pablo, chamiza	4	D7

JULIO   (*) Transcurso del mes - As the month goes by

3	Santo Domingo	Cantonización, desfiles, ferias (3-29)	2	C5
15	Catarama	Virgen del Carmen (15-16)	4	C6
15	Pillaro	Apóstol Santiago, romerías, procesiones	5	B1
16	El Carmen	Virgen del Carmen, Manabí	2	C4
16	Ibarra	Virgen del Carmen, procesión, juegos pirotécnicos	3	A1
16	Zamora	Virgen del Carmen, procesión, juegos pirotécnicos	9	A5
17	Ibarra	Independencia, 1823	3	A1
20	ORELLANA	Provincialización, 1998	3	C4
20	Pto Francisco de Orellana	Fundación, 1998 (capital provincial)	3	C4
22	Pelileo	Cantonización, desfiles, bailes populares	5	C1
23	Machachi	Del Chagra, fiesta popular (23-25)	2	D7
24	País	Natalicio de Simón Bolívar, 1783	0	00
25	Guayaquil	Fundación, 1538	6	B4
27	QUITO	Patrimonio de la Humanidad,1979	2	C7
29	Cayambe	San Pedro y San Pablo	2	B8
29	Pillaro	Apóstol Santiago, "El Mayor"	5	B1
29	Tabacundo	San Pedro y San Pablo	2	B8

AGOSTO   (*) Transcurso del mes - As the month goes by

1	Quito	Mes de las Artes, desfiles, concursos	2	C7
2	Quito	Asesinato de los Patriotas	2	C7
5	Esmeraldas	Independencia, 1820	1	B2
5	Macas	Virgen Purísima	7	B2
5	Sicalpa	Virgen de las Nieves (5-7)	5	D1
10	País	Primer Grito de Independencia, 1809	0	00
10	El Oro	Feria Agropecuaria Artesanal	8	B2
10	Guayas	Feria Agropecuaria Artesanal	6	B4
10	Macará	Feria internacional	9	B2

Día / Day	Población / Town	Festividad / Festivity	M	C
10	Santa Rosa	Feria Agropecuaria Artesanal	8	B2
10	Vinces	De San Nicolás	4	C5
10	Yaguachi	San Jacinto, peregrinación de fieles	6	A5
13	Ambato	Fundación, 1698	5	B1
14	Chota	Virgen de la Dolorosa	1	D7
15	Chota	Virgen del tránsito	1	D7
15	El Cisne	Virgen del Cisne peregrinación masiva (15-20)	8	D4
15	Otavalo	De los Corazas, danzas, juegos artificiales (15-22)	2	A8
15	Otavalo	San Luis Obispo (15-22)	2	A8
15	Riobamba	Fundación , 1534	5	D1
15	Zamora	Virgen del Cisne	9	A5
16	Pedernales	Del Café	2	B2
16	San Jacinto de			
	Yaguachi	San Jacinto,celebraciones religiosas y populares	6	A5
18	Santa Elena	Descubrimiento de La Península,1537	6	B1
25	Santa Rosa	Feria del langostino, bailes Populares, (25-30)	8	B2

SEPTIEMBRE (*) Transcurso del mes - As the month goes by

*	Cotacachi	De la Jora (primera quincena)	2	A8
*	Santa Isabel	De La caña	8	B4
1	País	Día del Gráfico	0	00
2	El Cinto	Virgen del Cinto	2	C7
2	Loja	Virgen del Cisne, continuación (2-15)	8	D5
2	Otavalo	Del Yamor, plato típico Yamor (2-15)	2	A8
3	Loja	Feria de Integración Fronteriza(3-15)	9	A5
6	Cotacachi	De la jora, atracciones varias (6-14)	2	A8
7	El Empalme	Virgen de Fátima, celebraciones populares	4	B5
8	Biblián	Virgen del Rocío	8	D8
8	Macará	Feria agropecuaria, espectáculos costumbristas (8-9)	9	B2
8	Sangolquí	Fiesta del Maíz y del Turismo	2	C7
10	Junín	San Roque, bailes populares	4	A3
15	SANTO DOMINGO	Provincialización, 2007	4	C5
11	Milagro	Feria Agrícola (11-16)	6	B5
20	Machala	Feria Mundial del Banano (20-26)	8	B2
21	Esmeraldas	Fundación, 1526	1	B2
23	Latacunga	Virgen de las Mercedes	5	A1
23	Piñas	Feria de la producción, varios eventos	8	C3
24	Babahoyo	Virgen de las Mercedes	4	D6
24	Ibarra	De los Lagos (24-28)	1	D7
24	Latacunga	Mama Negra, desfile, juegos artificiales (23-24)	5	A1
24	Piñas	Feria de la producción	8	C3
24	Portoviejo	Virgen de la Merced	4	B3
24	QUITO	Declarada Capital del Ecuador, 1830	2	C7
24	QUITO	Virgen de la Merced	2	C7
24	Tabacundo	De la cosecha, (24-28)	2	B8
26	País	Día de la Bandera, 1955	0	00
27	País	Día Mundial del Turismo	0	00
28	Ibarra	Fundación, 1606	1	D7
28	Tabacundo	De la cosecha, desfiles, comparsas	2	B8
29	Otavalo	San Miguel	2	A8
30	Babahoyo	Fundación, 1948 (Capital provincial)	4	D6

OCTUBRE (*) Transcurso del mes - As the month goes by

1	Olmedo	Rodeo montubio	4	C3
6	LOS RÍOS	Provincialización, 1860	4	D6
9	Guayaquil	Independencia, 1820	6	B4
11	Babahoyo	Independencia, 1820	4	D6
12	País	Día de la Raza (Oriente)	0	00
12	Vinces	Rodeo Montubio	4	C5

Dia /Day	Población /Town	Festividad /Festivity	M	C
12	País	Descubrimiento de América 1492	0	00
15	Ingapirca	Santa Teresa	6	C8
17	SANTA ELENA	Provincialización, 2007	6	B1
18	Portoviejo	Independencia, 1820	4	B3
18	San Lucas	Patrón San Lucas	8	C5
22	NAPO	Provincialización, 1959	5	A3
22	PASTAZA	Provincialización, 1959	5	C3
26	País	Firma Paz Ecuador – Perú (1998)	0	00
30	Chone	Ferias agrícolas y ganaderas	2	D2
31	País	Oficialización de Escudo y Bandera (1900)	0	00

NOVIEMBRE (*) Transcurso del mes - As the month goes by

Dia /Day	Población /Town	Festividad /Festivity	M	C
1	Barreiro (Chone)	Virgen de Santa Rita	2	D2
2	País	Santos Difuntos, costumbre tradicional	0	00
2	Ambato	Feria del Juguete, en difuntos	5	B1
3	Azogues	Independencia, 1820	6	D8
3	Cuenca	Independencia, 1820	6	D7
4	Manta	Cantónzación, desfiles, bailes populares	4	A2
10	Guaranda	Independencia, 1820	4	D7
11	El Quinche	Virgen del Quinche	2	B8
11	Guaranda	Fundación, 1811	4	D7
11	Latacunga	Independencia, 1820	5	A1
12	Ambato	Independencia, 1820	5	B1
15	Tena	Fundación, 1560	5	A3
18	Loja	Independencia, 1820	8	D5
19	CARCHI	Provincialización, 1880	1	C8
19	Tulcán	Independencia, 1820	1	C8
21	Cotundo	De la Virgen del Quinche	5	A3
21	El Quinche	Virgen del Quinche, feria comercial	2	B8
21	QUITO	Virgen del Quinche	2	C7
25	Macas	Independencia, 1820	7	B2
25	Puyo	Independencia, 1820	5	C3
25	Tena	Independencia, 1820	5	A3
25	Zamora	Independencia, 1820	9	A5

DICIEMBRE (*) Transcurso del mes - As the month goes by

Dia /Day	Población /Town	Festividad /Festivity	M	C
3	País	Día Nacional de la Discapacidad	0	00
5	Quito	Bailes Populares, Desfiles	2	C7
6	QUITO	Fundación, 1534	2	C7
8	Carpuela	Virgen de la Inmaculada	1	D1
8	Guano	Virgen de Guano, bandas, comida típica	5	D1
8	Loja	Fundación, 1548	8	D5
12	Ahuano	Virgen de Guadalupe	5	B4
15	Calceta	Navidad " Chigualo "	4	A4
15	Junín	Navidad " Chigualo "	4	A3
15	Montecristi	Navidad " Chigualo "	4	B2
15	Portoviejo	Navidad " Chigualo "	4	B3
24	País	Navidad	0	00
31	País	Año Viejo, quema de muñecos	0	00
31	Latacunga	Fundación, 1534	5	A1
31	Zamora	Fundación, 1548	9	A5

Inventario de Atractivos Turísticos

Inventory of Tourist Attractions

Es una muestra de los lugares más representativos de nuestro potencial turístico. No pretendemos indicar que son los únicos, pero nuestro territorio por su ubicación geográfica permite descubrir en sus pueblos y paisajes innumerables atractivos turísticos.

This inventory shows the most outstanding places of our tourism. We do not mean they are the only ones. But because of its geographic position, it lets tourists discover a great deal of tourist attractions in our cities and towns.

En el Sistema Nacional de Áreas Naturales Protegidas, existe la posibilidad de realizar caminatas y excursiones que permiten descubrir escenarios naturales de los diferentes ecosistemas que poseen nuestras regiones naturales. Estos paseos, se sugiere, se lo realice en compañía de guías de turismo calificados que faciliten el disfrute de la belleza y el contraste del paisaje.

AREA NATURAL PROTEGIDA

In the national system of natural protected areas, tourists can go hiking and go on excursion trips to discover natural areas of different ecosystems that our natural regions have. It is advisable to take a guided tour that will help you enjoy the beauty and contrast of this landscape.

NATURAL PROTECTED AREA

Provincia / *Province*	Nombre / *Name*	Característica / *Characteristic*	m	C
Azuay	El Cajas	Parque nacional	6	D7
Carchi	El Angel	Reserva ecológica	1	C7
Chimborazo	Chimborazo	Reserva faunística	4	C8
Cotopaxi	El Boliche	Area nacional de recreación	2	D7
Cotopaxi-Pichincha	Cotopaxi	Parque nacional	2	D7
Esmeraldas	Cayapas-Mataje	Reserva ecológica	1	A5
Esmeraldas-Imbabura	Cotacachi-Cayapas	Reserva ecológica	1	C5
Esmeraldas-Manabí	Mache- Chindul	Reserva ecológica	2	A3
Galápagos	Galápagos	Parque nacional	0	00
Galápagos	Galápagos	Reserva biológica	0	00
Guayas	Manglares-Churute	Reserva ecológica	6	C5
Guayas	Isla Santa Clara	Refugio de vida silvestre	8	A1
Loja-Zamora	Podocarpus	Parque nacional	9	B5
Morona Santiago	Sangay	Parque nacional	7	B2
Morona Santiago	El Cóndor	Area nacional de recreación	8	B8
Napo	Sumaco	Parque nacional	3	D2
Napo	Antisana	Reserva ecológica	2	D8
Napo-Pichincha	Cayambe-Coca	Reserva ecológica	3	B1
Napo-Tungurahua	Llanganates	Parque nacional	5	B2
Orellana-Pastaza	Yasuní	Parque nacional	3	D6
Pichincha	Los Ilinizas	Reserva ecológica	2	D7
Pichincha	Pululahua	Reserva geobotánica	2	B7
Pichincha	Pasochoa	Refugio de vida silvestre	2	C7
Santa Elena-Manabí	Machalilla	Parque nacional	4	C2
Sucumbíos	Limoncocha	Reserva biológica	3	C5
Sucumbíos	Cuyabeno	Reserva faunística	3	B7

En todas las regiones del país se pueden encontrar vestigios arqueológicos, por haber sido un polo de desarrollo de culturas milenarias que tuvieron su presencia, aporte científico y cultural en el tiempo de su auge. Por ello presentamos un compendio de lugares en donde se puede apreciar la riqueza cultural, herencia de nuestros ancestros. Allí encontrará objetos arqueológicos, ruinas Incas, formaciones naturales, que están expuestas en los diferentes museos; así también, se hallará muestras al natural como prueba de desarrollo y aporte científico - cultural reconocidos y apreciados en todo el mundo.

ARQUEOLOGIA

Archeologic ruins can be found in all regions of our country, because it was a point of development of ancient civilizations that had scientific and cultural support. This is why we present the places where you will see its cultural wealth, heritage of our forefathers. You will find archeologic objects, Incas` ruins, natural formations shown in different museums; you will also find objects shown in nature as a proof of development and scientific contribution well known around the world.

ARCHEOLOGY

Azuay	Camino del Inca	Cueva Lluspa L. Mamamag	6	D6
Azuay	Chopsi	Testimonio milenario	8	A6

Provincia / *Province*	Población / *Town*	Característica/ *Characteristic*	m	C
Azuay	Chopsi	Inscripciones rupestres	8	A6
Azuay	Cojitambo	Azuay 11 km Azogues	6	D8
Azuay	El Plateado	Yacimiento paleontológico	6	D8
Azuay	Llaver	Vestigios	8	A6
Azuay	Paredones	Molleturo sector paredones	6	D6
Azuay	Pumapungo	Ruinas de Pumapungo	6	D7
Azuay	Soldados	Ruinas	8	A5
Bolívar	Camino Real	Ruta de los incas	4	C7
Bolívar	Chillanes	Vestigio de tribu Chillanes	6	A7
Bolívar	Simiatug	Ruinas (por Salinas)	4	B7
Cañar	Camino del Inca	Achupallas- Ingapirca	6	C8
Cañar	Coyector	Ruinas similares al Cuzco	6	C8
Cañar	El Tambo	Arqueología, arte religioso	6	C8
Cañar	Ingapirca	Ruinas (Cañari – Inca)	6	C8
Cañar	Laguna Culebrillas	Arqueología	6	C8
Cañar	Narrío	Ruinas	6	C7
Cañar	Necrópolis	Cerámica, figuras de serpientes	6	C8
Cañar	Sacarte-Chuquipata	Ruinas similares al Cuzco	6	C8
Carchi	Chical	Piedra pintada, chapúes	1	B7
Carchi	Quinllul	Petroglifos	1	C7
Chimborazo	Alausí	Camino del inca (60km)	6	B8
Chimborazo	Alausí	Loma de lluglly, Chiripingo	6	B8
Chimborazo	Guano	Ruinas preincaicas	5	D1
Chimborazo	Punín	Ruinas preincáicas	4	D8
Cotopaxi	El Salitre	Restos arqueológicos	5	A1
Cotopaxi	Latacunga	Ruinas	5	A1
Cotopaxi	Panzaleo	Arcilla aborigen	5	B1
Cotopaxi	San Agustín del Cayo	Ruinas Incas	5	A1
Cotopaxi	Zumbahua	Andenes de cultivo prehispánico	4	A8
El Oro	Guizhaguiña	Petroglifo	8	C3
El Oro	Machala	Restos arqueológicos	8	B2
El Oro	Salvia	Petroglifos	8	C4
El Oro	Yacuviñan	Cuidad perdida, Yacuviñan	8	C4
Esmeraldas	Bilsa	Cultura Jama-Joaque	1	C1
Esmeraldas	La Tola	Restos arqueológicos	1	A4
Esmeraldas	La Tolita	Cultura precolombina	1	A4
Esmeraldas	Muisne	Cultura Jama-Joaque	1	C1
Guayas	Chongón	Restos arqueológicos	6	B4
Guayas	Engabao	Restos arqueológicos	6	C3
Guayas	Isla Puná	Restos arqueológicos	6	D4
Guayas	Milagro	Arqueología,Jerusalén 20km	6	A7
Guayas	Yaguachi-Taura	Tolas funerarias, osamentas	6	B7
Imbabura	Caranqui	Templo del sol	1	D7
Imbabura	Intag	Ruinas, oeste de Cotacachi	2	A7
Imbabura	Otavalo	Centro antropológico	2	A8
Imbabura	Pimampiro	La mesa, ruinas y montículos	1	D7
Imbabura	Pinsaquí	Tolas de Pinsaquí	1	D7
Imbabura	Sacapamba	Centro antropológico	3	A1
Imbabura	Socapamba	Tolas	1	D8
Imbabura	Yaguarcocha	Tolas del Tablón	1	D7
Imbabura	Zuleta	Restos arqueológicos	3	A1
Loja	Cariamanga	Baño del inca, cueva gentiles	9	B4
Loja	Catacocha	Restos arqueológicos	9	A3
Loja	Catamayo	El boquerón, petroglifos	9	A4
Loja	Chuquiribamba	Restos arqueológicos	8	D4
Loja	Lluzhapa	Fortaleza	8	C4
Loja	Manú	Ruinas de Manú	8	C4
Loja	Quinara	Tesoros de Quinara, Quilanga	9	B4
Loja	Sacapalca	Petroglifos	9	A4
Loja	San Lucas	Restos arqueológicos	8	C5
Loja	Saraguro	Restos arqueológicos	8	C5

Provincia / Province	Población / Town	Característica / Characteristic	m	C
Loja	Sozoranga	Petroglifos	9	B3
Los Ríos	Babahoyo	Restos arqueológicos	4	D6
Los Ríos	Isabel María	Tumba jefe mítico Guayas	4	D6
Manabí	Agua Blanca	Urnas fúnebres	4	D1
Manabí	Bahía de Caráquez	Chirije, museo de sitio	2	D2
Manabí	Chirije	Arqueología, cultura Bahía	2	D2
Manabí	Estuario Río Chone	Restos arqueológicos	2	D2
Manabí	Isla de la Plata	Restos arqueológicos	4	B1
Manabí	Jama	Restos arqueológicos	2	B1
Manabí	Machalilla	Restos arqueológicos	4	C2
Manabí	Manta	Restos arqueológicos	4	A2
Manabí	Marlac	Arqueología, Montecristi	4	B2
Manabí	Pedernales	Restos arqueológicos	2	B2
Manabí	Puerto Cayo	Restos arqueológicos	4	D1
Manabí	Salango	Restos arqueológicos	4	D1
Manabí	Valdivia	Restos arqueológicos	6	A2
Morona Santiago	Cueva de los Tayos	Restos arqueológicos,Macas	8	A8
Morona Santiago	Gualaquiza	Ruinas precolombinas	8	B7
Morona Santiago	Indanza	Petroglifos	8	A7
Morona Santiago	Sangay	Pirámides, (tigresa) río Upano	7	C2
Morona Santiago	Santa Rosa	Complejo Hombre Jaguar	3	C2
Napo	Archidona	Petroglifos	5	A3
Napo	Cosanga	Petroglifos	3	D1
Napo	Cotundo	Petroglifos, Indama	5	A3
Napo	Porotoyacu	Piedra	5	A3
Napo	Sardinas	Petroglifos	3	C2
Napo	Tena	Petroglifos	5	A3
Pichincha	Cochasquí	Ruinas, pirámides Cochasquí	2	B7
Pichincha	Ilaló (El Inga)	Restos arqueológicos	2	C8
Pichincha	Nanegalito	Tolas de Penipe	2	B7
Pichincha	Quito (Cotocollao)	Ruinas precolombinas	2	B7
Pichincha	Rumicucho	Ruinas precolombinas	2	B7
Santa Elena	La Libertad	Arqueología	6	B1
Santa Elena	Loma Alta	Restos arqueológicos	6	B2
Santa Elena	Real Alto	Restos arqueológicos	6	B2
Santa Elena	Simón Bolívar	Restos arqueológicos	6	B3
Santa Elena	Sumpa	Cerro alto arqueología	6	B2
Sucumbíos	Nueva Loja	Petroglifos, 15 km N.Loja	3	A5
Tungurahua	Pelileo	Restos arqueológicos	5	C1

El ecuatoriano, según la región en que vive, manifiesta sus habilidades manuales e intelectuales y aprovecha la materia prima que tiene a su alcance, para convertirla en finas muestras de trabajo. Estos productos artesanales son apreciados nacional e internacionalmente. En la Costa sobresalen productos de exportación como el coral, la cestería, la corteza de coco, la tagua, la cerámica y en especial la paja toquilla para la fabricación de sombreros.
En la Sierra se destacan los textiles, la talabartería, los artículos de cuero, la cerámica, la ebanistería, los trabajos de joyería en oro y plata. En la Región Amazónica, encontramos la cestería, shigras, lanzas, hamacas y collares de las culturas amazónicas.

ARTESANIA

Ecuadorians show their skills according to the place where we live and take advantage of the raw material at hand to turn them into fine samples of our work. These products are appreciated here and all around the world.
Coral , nesting, coconut peal, tagua, ceramics and special straw used for the making of Panama hats stand out in the coast.
In the highlands you will find textile,sword belt making, Leather goods, ceramics,cabinet making, gold and silver jewelry.
In the Amazon region, we find nesting, shigras, arrows, hammocks, and collars of the amazon communities.

HANDICRAFTS

Provincia /*Province*	Población /*Town*	Característica/*Characteristic*	m	C
Azuay	Chordeleg	Platería, orfebrería	6	D8
Azuay	Cuenca	Cerámica, tallados, orfebrería	6	D7
Azuay	Gualaceo	Artesanías, tejidos, bordados	6	D8
Azuay	Sigsig	Sombreros de paja	8	A6
Bolívar	Bolívar	Ebanistería, armerías	4	C7
Bolívar	Guaranda	Textiles, bordados, sombreros	4	D7
Bolívar	Salinas	Textiles, queserías	4	C7
Bolívar	Chimbo	Ebanistería, juegos pirotécnicos	4	D7
Bolívar	Tamban	Fábrica de armas	4	C7
Cañar	Azogues	Sombreros, cerámica, tejidos	6	D8
Cañar	Cañar	Textiles	6	C8
Cañar	Déleg	Textiles, shigras, piletas	6	D8
Cañar	Ingapirca	Artesanías, textiles	6	C8
Cañar	Jatumpampa	Cerámica utilitaria rústica	6	D8
Cañar	Tambo Viejo	Artesanías, textiles	6	C8
Chimborazo	Alausí	Textiles, cerámica	6	B8
Chimborazo	Cacha	Textiles, cerámica	5	D1
Chimborazo	Cajabamba	Textiles	4	D8
Chimborazo	Guamote	Artesanías populares, textiles	6	A8
Chimborazo	Guano	Cuero, alfombras artesanales	5	D1
Chimborazo	Riobamba	Textiles, cerámica	5	D1
Cotopaxi	La Victoria	Cerámicas	4	A8
Cotopaxi	Pujilí	Cerámica	4	A8
Cotopaxi	Salcedo	Cuero, textiles	5	B1
Cotopaxi	Saquisilí	Alfarería	4	A8
Cotopaxi	Tigua/Tihua	Pintura indígena	6	A8
Cotopaxi	Zumbahua	Pinturas tigua	4	A8
El Oro	Portovelo	Artículos en metal	8	C3
El Oro	Zaruma	Orfebrería, oro y plata	8	C3
Esmeraldas	Atacames	Figuras y tallados en coral	1	C1
Esmeraldas	Esmeraldas	Tallados en madera, coco	1	B2
Esmeraldas	San José de Cayapas	Cestería, petacas y abanicos	1	C4
Galápagos	San Cristóbal	Concha, coral, madera	0	00
Galápagos	Santa Cruz	Concha, coral, madera	0	00
Guayas	San Antonio	Hamacas de paja toquilla	6	C3
Santa Elena	Santa Elena	Tallados en madera	6	B1
Imbabura	Atuntaqui	Textiles, tallados en madera	2	A8
Imbabura	Atuntaqui	Artículos en cabuya	2	A8
Imbabura	Caranqui	Textiles	3	A1
Imbabura	Cotacachi	Artículos de cuero, textiles	2	A8
Imbabura	Ibarra	Textiles, tallados en madera	3	A1
Imbabura	Ilumán	Textiles, sombreros	2	A8
Imbabura	La Esperanza	Textiles	3	A1
Imbabura	Otavalo	Textiles, tapices	2	A8
Imbabura	Peguche	Textiles	2	A8
Imbabura	San Antonio I.	Tallados en madera	2	A8
Imbabura	San Rafael	Textiles	2	A8
Imbabura	San Roque	Artículos de lana	2	A8
Imbabura	Tanguarín	Artículos en lana	2	A8
Loja	Cariamanga	Alforjas	9	B4
Loja	Gonzanamá	Alforjas	9	A4
Loja	Saraguro	Textiles, prendedores, zarcillos	8	C5
Los Ríos	Babahoyo	Cestería, redes, tallados en mad.	4	D6
Manabí	Charapotó	Cestería, sombreros	4	A3
Manabí	Jipijapa	Cestería, sombreros	4	C2
Manabí	La Pila	Cerámica	4	B2
Manabí	Machalilla	Cerámica, réplicas valdivia	4	C2
Manabí	Manglar Alto	Cerámica	4	D2
Manabí	Montecristi	Cestería, sombreros	4	B2
Manabí	Rocafuerte	Cestería, sombreros	4	A3
Morona S.	Taisha	Cestería	7	B4

Provincia / Province	Población / Town	Caracteristica / Characteristic	m	C
Napo	Archidona	Lanzas, collares, cerámica	5	A3
Napo	Pto Misahuallí	Shigras, hamacas, tallados, balsa	5	B4
Napo	San Pablo	Lanzas, collares (Ushpayacu)	5	A3
Napo	Tena	Cestería, hamacas	5	A3
Pastaza	Mera	Cerámica, mineralogía	5	C2
Pastaza	Puyo	Tallados en balsa, cerámica	5	C3
Pastaza	Sarayacu	Cerámica, mucahuas	5	D4
Pichincha	Calderón	Masapan, cerámica, tallados	2	B7
Pichincha	Cayambe	Textiles, queserías	2	B8
Santo Domingo	Sto Domingo	Cestería, tejidos	2	C5
Pichincha	Zuleta	Vestimentas bordadas, tapices	3	A1
Santa Elena	Santa Elena	Tallados en madera	6	B1
Sucumbíos	Dureno	Lanzas, collares, cerámica	3	B5
Sucumbíos	Nueva Loja	Cestería, cerámica, lanzas,	3	A5
Sucumbíos	Puerto Bolívar	Cestería, hamacas, tallados balsa	3	B8
Tungurahua	Ambato	Cuero, textiles	5	B1
Tungurahua	Baños	Madera, cerámica	5	C1
Tungurahua	Pelileo	Textiles, (Jean)	5	C1
Tungurahua	Picaihua	Artesanías en cabuya	5	B1
Tungurahua	Pillaro	Textiles, cerámica	5	B1
Tungurahua	Quisapincha	Cuero, textiles	4	B8
Tungurahua	Salasaca	Tapices, textiles	5	C1
Zamora Ch.	Zamora	Artesanias, shigras, hamacas, collares	9	A5

BALNEARIO, TERMA, PISCINA

La configuración volcánica de la región, da lugar a la formación de fuentes subterráneas que afloran como balnearios naturales, muchos de ellos acondicionados en complejos turísticos de aguas minerales a las que se atribuye un gran poder curativo y medicinal.

Our volcanic formation creates underground fountains that come up as natural ressorts which have been turned into complexes with mineral water wich are believed to cure.

RESSORTS, SPRINGS, SWIMMING POOLS

Azuay	Baños	Termas	6	D7
Azuay	Gualaceo	Termas	6	D8
Azuay	Paute	Termas	6	D8
Bolívar	Salinas	Vertiente agua sal	4	C7
Bolívar	Chimbo	Lomas de Catequilla	4	D7
Bolívar	Simiatug	Cunuyacu	4	B7
Cañar	Chaquimaillama	Termas	6	C8
Cañar	Guapán	Termas	6	D8
Cañar	Opar	Termas	6	D8
Cañar	Yanayacu	Medicinales, 6 km la Troncal	6	C6
Carchi	Colón	Vertiente natural	1	C8
Carchi	El Angel	La Calavera	1	C8
Carchi	El Chota	El Aguacate	1	D7
Carchi	Mira	La Calera	1	D7
Carchi	Rumichaca	Termas	1	D8
Carchi	Tufiño	Aguas hediondas	1	C8
Carchi	Tulcán	Los Tres Chorros	1	C8
Chimborazo	Guano	Los Helenes	5	D1
El Oro	Pasaje	La Cocha	8	B3
El Oro	Portovelo	El Tablón	8	C3
El Oro	Puerto Bolívar	El Coco	8	B2
Imbabura	Chachimbiro	Termas	2	A7

Provincia / *Province*	Población / *Town*	Característica / *Characteristic*	m	C
Imbabura	Intag	Termas	2	A7
Loja	Loja	Termas sulfurosas	9	A5
Los Ríos	Chilintomo	Termas	6	A6
Los Ríos	Vinces	El Tobogán, C. Turístico	4	C5
Manabí	Ayacucho	Termas	4	B3
Manabí	Cabo Pasado	Vertiente natural	4	B1
Manabí	Rocafuerte	El Ceibal	4	A3
Manabí	San Antonio	Termas, 15 km de Portoviejo	4	B3
Manabí	Santa Ana	Termas	4	B3
Morona S.	Sucúa	Complejo de piscinas	7	C2
Napo	Jumandi	Termas	5	A3
Napo	Papallacta	Termas medicinales	2	C8
Pichincha	Cunuyacu	Termas medicinales	2	C8
Pichincha	El Tingo	Termas medicinales	2	C8
Pichincha	Granilandia	Termas	2	B7
Pichincha	Guangopolo	Termas medicinales	2	C7
Pichincha	Ilaló	Termas	2	C7
Pichincha	La Merced	Termas medicinales	2	C7
Pichincha	Lloa	Termas	2	C7
Pichincha	Machachi	Aguas minerales	2	D7
Pichincha	Oyacachi	Termas	3	C1
Pichincha	Valle de Tumbaco	Termas	2	C8
Santa Elena	San Vicente	Aguas medicinales, lodo	6	B2
Sucumbíos	Nueva Loja	La Choza, termas	3	A5
Sucumbíos	Santa Cecilia	Termas	3	B4
Tungurahua	Ambato	Termas, El Salado	5	B1
Tungurahua	Baños	Aguas minerales	5	C1
Tungurahua	Santa Clara	Termas	5	B1

Lo sinuoso del terreno que atraviesa nuestra hidrografía, permite la formación de un sinnúmero de caídas de agua que al acceder a las partes bajas forman cascadas de enorme belleza. Estas también son aprovechadas como fuentes de balnearios naturales y en la práctica de deportes acuáticos en el curso de los ríos.

There are plenty of waterfalls because of our geography which descends to the low zones turning into beautiful cascades. These waterfalls are used as natural ressorts in order to practice water sports in the rivers.

CASCADA

WATERFALL

Azuay	Girón	El Chorro	8	A5
Azuay	Pailas de Racar	Cerro Cabojana	6	D7
Bolívar	Balzapamba	Balzapamba	4	D7
Carchi	San Gabriel	Paluz	1	D8
Carchi	Tulcán	Peña Blanca	1	C8
Chimborazo-Pastaza	El Altar	Glaciares de la laguna	5	D1
Chimborazo	Pallatanga	San Rafael, La Virgen, San Carlos	6	A8
Esmeraldas	San José de Cayapas	Río San Miguel	1	C4
Esmeraldas	San Juan	San Juan	1	A6
Imbabura	Peguche	Peguche	2	A8
Loja	Podocarpus	Laguna del Compadre	9	A5
Los Ríos	Babahoyo	Milagrosa	4	D6
Morona S.	Chiviazá	Chiviazá	7	D2
Morona S.	Don Bosco	Don Bosco y Montalvo	8	A7
Morona S.	Sucúa	Complejo las piscinas	7	C2
Morona S.	Yavintza	Complejo en Yavintza	5	D3
Napo	Baeza	Complejo en Baeza	3	C1
Napo	Pto. Misahuallí	Río Latas	5	B4
Napo	Pto. Misahuallí	De Hollín	5	B4
Napo	Pto. Misahuallí	Umbuni	5	B3
Napo	Río Hollín	Río Hollín	3	D2

Provincia / Province	Población / Town	Nombre / Name	m	C
Napo	San Rafael	Salto cañón del Coca	3	B2
Pastaza	Mera	Mangayacu, Río Pastaza	5	C2
Pastaza	Río Tigre	Río Tigre	5	C2
Pastaza	Vía Puyo-Macas	Baño misterioso de los Dioses	5	C3
Pastaza	Vía Puyo-Macas	El Porvenir	5	C3
Pastaza	Vía Puyo-Macas	Puyopungo	5	C3
Pastaza	Vía Puyo-Macas	Hola Vida	5	C3
Pichincha	Calacalí-Nanegalito	Pahuma	2	B7
Pichincha	El Pedregal	Río Pita	2	C7
Pichincha	Lloa	Guagua Pichincha	2	C7
Pichincha	Machachi	Volcán Rumiñahui	2	D7
Pichincha	Mindo	Río Mindo	2	B6
Pichincha	Nambillo	Río Nambillo	2	B6
Pichincha	Nanegal	Maquipucuna	2	A7
Pichincha	Nono	Cascada sagrada	2	B7
Pichincha	Pedro V. Maldonado	Salto del Tigre	2	A5
Pichincha	Pedro V. Maldonado	Río Toronjal	2	B5
Pichincha	Pilatón	Río Pilatón	2	C6
Pichincha	Puerto Quito	Azul	2	A5
Pichincha	Quito	La Chorrera	2	C7
Pichincha	San José de Minas	Cerca de la población	2	A8
Pichincha	San Miguel de los B.	La Sucia	2	B6
Santo Domingo	Sto Domingo	Alluruquín	2	C6
Tungurahua	Baños	Agoyán	5	C1
Tungurahua	Ines María	Manto de la Novia y Putzang	5	C1
Tungurahua	Río Verde	Pailón del Diablo	5	C2
Zamora Ch.	El Porvenir	El Porvenir	9	C5
Zamora Ch.	Podocarpus	Ríos Zamora y Bombuscara	9	A5

Es sitio de reunión obligado un día de la semana para cada pueblo.
Es una ocasión de acudir al templo religioso a las tradicionales misas
y, principalmente, para comercializar productos propios del lugar y de
afueraños que concurren a ofrecer y comercializar mercancías de otras
regiones. Esta feria se la realiza, por lo general, en la plaza central del
pueblo o sus alrededores.

*You should visit fairs in each town. It is a great chance to go to religious
temples and traditional masses, and mainly to acquire products that
belong to that place and from people who come from other towns. This
fair is usually carried out in the main square of the town.*

**FERIA
INDIGENA**

**INDIGENOUS
FAIR**

Azuay	Chordeleg	Fin de semana	6	D8
Azuay	Cuenca	Fin de semana	6	D6
Azuay	Cumbe	Miércoles	8	A5
Azuay	Gualaceo	Domingo	6	D8
Azuay	Sigsig	Domingo	8	A6
Bolívar	Chimbo	Domingo	4	D7
Cañar	Cañar	Fin de semana	6	C8
Cañar	Ingapirca	Fin de semana	6	C8
Chimborazo	Alausí	Sábado	6	B8
Chimborazo	Cebadas	Sábado	7	A1
Chimborazo	Chunchi	Fin de semana	6	B8
Chimborazo	Colta	Domingo	4	D8
Chimborazo	Guamote	Jueves	6	A8
Chimborazo	Riobamba	Domingo	5	D1
Cotopaxi	Latacunga	Sábado	2	B8
Cotopaxi	Pujilí	Fin de semana	4	A8
Cotopaxi	Salcedo	Jueves y Domingo	5	B1
Cotopaxi	Saquisilí	Jueves	4	A8
Cotopaxi	Sigchos	Domingo	2	D6

Provincia / Province	Población / Town	Dia / Day	m	C
Cotopaxi	Zumbahua	Sábado	4	A8
Imbabura	Otavalo	Miércoles y Sábado	2	A8
Imbabura	Peguche	Lunes y Viernes	2	A8
Loja	Loja	Fin de semana	9	A5
Loja	San Lucas	Fin de semana	8	C4
Loja	Saraguro	Domingo	8	C5
Morona Santiago	Santiago de Méndez	Fin de semana	7	D2
Pichincha	Cayambe	Fin de semana	2	B1
Pichincha	Machachi	Fin de semana	2	D7
Pichincha	Tabacundo	Fin de semana	2	B8
Tungurahua	Salasaca	Fin de semana	5	C1

GRUPO ETNICO

Ecuador es multicultural, por la variedad de culturas que se han mantenido en el transcurso del tiempo, conservando sus costumbres de vestuario, alimentación, tradiciones y conocimiento. Cada una de ellas con orgullo muestra su riqueza folclórica, sus características y valores culturales difíciles de erradicar.

Ecuador is multicultural, there are a lot of cultures that have been preserved through time which show their customs, feeding, dressing and knowledge. Each one of them proudly shows its folk wealth, its characteristics and cultural values.

ETHNIC GROUP

Azuay	Cuenca	Chola cuencana	6	D7
Cañar	Cañar	Cañaris	6	C8
Carchi	Chical	Comunidad Coaiquer	1	B7
Carchi	Tobar Donoso	Comunidad Awa	1	A6
Carchi	Tulcán rural	Paquiuncho	1	C8
Chimborazo	Riobamba rural	Puruháes	4	D8
Esmeraldas	Esmeraldas	Negros de Esmeraldas	1	B2
Esmeraldas	Onzole-Cayapas	Comunidad Chachi	2	A8
Imbabura	Caranqui-Ibarra	Caranquis (Ibarra)	2	A8
Imbabura	Chota	Negros del Chota	1	C7
Imbabura	Miguel Egas	Otavalos	2	A8
Imbabura	Otavalo	Otavalos	2	A8
Loja	Saraguro	Saraguros	8	C5
Morona S.	Huasaga	Achuar	7	C6
Morona S.	Macuma	Shuaras	7	B4
Morona S.	Taisha	Shuaras	7	B4
Orellana	Reparado	Huaoranis pata colorada	5	B8
Orellana	Valle de los Aucas	Huaoranis	5	A6
Pastaza	Canelos	Alamas	5	D2
Pastaza	Tihuano	Huaoranis	5	B5
Santo Domingo	Santo Domingo	Tsáchilas	2	C5
Sucumbíos	Cuyabeno	Quichuas del Napo	3	C8
Sucumbíos	Nueva Loja	Cofanes	3	A5
Sucumbíos	Pañacocha	Secoyas	3	C7
Tungurahua	Ambato rural	Puruháes	5	B1
Tungurahua	Ambato	Chibuleos, (Pillaro)	5	B1
Tungurahua	Salasaca	Salasaca	5	B1

Son formaciones rocosas que por algún evento místico de la naturaleza se han convertido en santuarios o en muestras vivas de vestigios arqueológicos de estudio de expediciones nacionales y extranjeras. Son de difícil acceso, razón por la cual han conservado su originalidad y misticismo.

GRUTA, CAVERNA, CUEVA

They are rocky formations that have been turned into sanctuaries or into living samples of archeologic wealth which are studied. It is difficult to get there that is why they have kept their origin and mistery.

GROTTO, CAVERN, CAVE

Provincia / Province	Población / Town	Característica / Characteristic	m	C
Azuay	Chopsi	Cueva, inscripciones rupestres	8	A6
Azuay	Lluspa	Cueva, laguna Mamamag	6	D6
Azuay	Sayausi	Gruta	6	D7
Bolívar	Salinas	Cueva	4	C7
Bolívar	San Miguel	Cueva de Las Guardias	4	D7
Bolívar	San Miguel	Gruta, Virgen de Lourdes	4	D7
Cañar	Cañar	Gruta, Virgen del Rocío	6	C8
Carchi	Huaca	Cueva	1	C8
Carchi	La Paz	Gruta, Virgen de La Paz	1	D8
Loja	Amaluza	Cueva	9	C4
Loja	Loja	Cueva de Ahuaca	8	D5
Manabí	Canoa	Cuevas en los acantilados	2	C1
Manabí	Machalilla	Cueva de los frailes	4	C2
Morona S.	Logroño	Cueva	7	C2
Morona S.	Los Tayos	Cueva de Los Tayos	8	A8
Morona S.	Los Tayos	Caverna de Quimi	8	A8
Morona S.	Yacuambi	Puente natural	8	A8
Napo	Archidona	Cuevas de Aguayacu	5	A3
Napo	Archidona	Cuevas de Iturcu	5	B3
Napo	Cotundo	Cuevas de Mondoyacu	5	A3
Napo	Jumandi	Cuevas, conformación geológica	5	A3
Napo	Las Palmas	Caverna	3	C2
Napo	Porotoyacu	Caverna	5	A3
Napo	Pto Misahuallí	Cueva	5	B4
Napo	Puerto Napo	Cueva	5	B3
Pastaza	Anzu	Caverna	5	B3
Pastaza	Mera	Conformación geológica	5	C3
Pastaza	Puyo km 5	Cueva 24 de Mayo	5	C3
Tungurahua	Baños	Grutas	5	C1

Las grandes ciudades del Ecuador cuentan con varios museos en los que se expone una variedad de muestras de Arte, Historia, Arqueología, Etnografía; sin embargo, en pequeños poblados existen museos focalizados que destacan un tema específico y muestran algo representativo del lugar.

MUSEO

The largest cities of Ecuador have some museums which show variety of art, history, archeology and ethnic groups; however, some small towns have museums focused on specific things and show something representing the place.

MUSEUM

Azuay	Chordeleg	Orfebrería	6	D8
Azuay	Cuenca	Varios	6	D7
Azuay	Girón	Casa de los Tratados	8	A5
Bolívar	Guaranda	Pintura, Historia	4	C7
Bolívar	Huayco	Religioso	4	D7
Cañar	Biblián	Pintura, Historia	6	D8

Provincia /*Province*	Población /*Town*	Característica/*Characteristic*	m	C
Cañar	Ingapirca	Vestigios Incas	6	C8
Chimborazo	Riobamba	Varios	5	D1
Cotopaxi	Cotopaxi	Tercera dimensión, Parque Nac.	2	D7
Cotopaxi	Latacunga	Varios	5	A1
El Oro	Huaquillas	Histórico	8	B1
El Oro	Piñas	Pintura, Historia	8	C3
El Oro	Portovelo	Mineralógico	8	C3
El Oro	Puyango	Bosque petrificado	8	D2
El Oro	Zaruma	Histórico, mineralógico	8	C3
Esmeraldas	La Tolita	De Sitio Isla La Tolita	1	A4
Galápagos	San Cristóbal	Muestras de Corales y Moluscos	0	00
Guayas	Guayaquil	Varios	6	A4
Imbabura	Cotacachi	Culturas de Cotacachi	2	A8
Imbabura	El Chota	Cultura Afro-ecuatoriana	1	D7
Imbabura	Ibarra	Varios	1	D7
Imbabura	Otavalo	Antropológico	2	A8
Loja	Alamor	Arte	9	A2
Loja	El Cisne	Arte e historia	8	D4
Loja	Loja	Etnico, Arqueológico	8	D5
Manabí	Bahía de C.	Cultura Jama-Coaque	2	D1
Manabí	Chirije	Cultura Bahía	2	D1
Manabí	Jipijapa	Historia y Artesanía	4	C2
Manabí	Julcuy	Cultura Manteña	4	B1
Manabí	Machalilla	Agua Blanca	4	C2
Manabí	Manta	Cultura Manteña	4	A2
Manabí	Montecristi	Pertenencias de Eloy Alfaro	4	B2
Manabí	Salango	Arqueológico	4	D1
Manabí	Valdivia	Cultura Valdivia	6	A2
Morona S.	Gualaquiza	Arte	8	B7
Morona S.	Macas	Arte	7	B2
Morona S.	Sucúa	De los Salesianos	7	C2
Napo	Pto Misahualli	Culturas amazónicas	5	B4
Napo	Tena	Misiones Josefinas	5	A3
Orellana	Pompeya	Etnocultural	2	C5
Pichincha	Pululagua	Templo de Arte-Astrología	2	A7
Pichincha	Quito	Varios	2	C7
Pichincha	San Antonio	Etnográfico	2	B7
Pichincha	San Antonio	Intiñan	2	B7
Santa Elena	Chanduy	Real Alto	6	B2
Santa Elena	La Libertad	Casa Museo Ricaurte León	6	B1
Santa Elena	Santa Elena	Los Amantes de Sumpa	6	B1
Santo Domingo	Sto Domingo	Comunidad Chigüilpe	2	C5
Sucumbíos	Limoncocha	Arte Amazónico	3	C5
Tungurahua	Ambato	Varios	5	B1
Tungurahua	Baños	Arte	5	C1

La belleza de la playa ecuatoriana se la aprecia por su pureza, tranquilidad, fácil acceso vial, buena infraestructura e implementación hotelera unidos a la atención cordial del costeño. En ellas, el visitante puede disfrutar del mar, la arena y la brisa marina en el tranquilo Océano Pacífico que baña nuestra región costanera.

PLAYA

The beauty of ecuadorian beaches is appreciated for its pureness, calmness, easy acces, good hotel infrastructure along with people's hospitality. Visitors can enjoy the sea, sand and the sea breeze in the Pacific Ocean which bathes our coast region.

BEACH

El Oro	Bajo Alto	Archipiélago de Jambelí	8	B2
El Oro	Isla Jambelí	Archipiélago de Jambelí	8	B2
El Oro	Puerto Bolívar	Archipiélago de Jambelí	8	B2

Provincia /Province	Población /Town	Localización/Localitation	m	C
El Oro	San Luis	Archipiélago de Jambelí	8	B2
Esmeraldas	Camarones	Esmeraldas, km 30 norte	1	B2
Esmeraldas	Castelnuovo	Esmeraldas, km 28 sureste	1	C1
Esmeraldas	Cauchal	Norte de Valdez	1	A4
Esmeraldas	Colope	Esmeraldas, km 35 norte	1	B2
Esmeraldas	La Barca	En La Tolita	1	A4
Esmeraldas	Las Palmas	Suroeste de Esmeraldas	1	B2
Esmeraldas	Las Peñas	Suroeste de La Tola	1	B4
Esmeraldas	Mompiche	Norte de Bolívar	1	D1
Esmeraldas	Muisne	Borde de población	1	C1
Esmeraldas	Escondida	Tonchigüe, km 2	1	C1
Esmeraldas	Río Verde	Esmeraldas, km 43 norte	1	B3
Esmeraldas	Same	Súa, km 10 km suroeste	1	C1
Esmeraldas	San Pedro	Sector La Tola	1	A4
Esmeraldas	Súa	5 Km al sur de Atacames	1	C1
Esmeraldas	Tonchigüe	Atacames, km 18 suroeste	1	C1
Esmeraldas	Tonsupa	Esmeraldas, km 28 norte	1	C2
Guayas	Playas	Puerto Villamil	6	C3
Guayas	Punta Brava	Punta Brava	6	D3
Manabí	Agua Blanca	Puerto López, km 5 norte	4	C1
Manabí	Ayampe	Ayampe	4	D1
Manabí	Bahía de C.	Bahía de Caráquez	2	D1
Manabí	Boca Briceño	Boca Briceño	2	B1
Manabí	Cabo Pasado	Cabo Pasado	4	B1
Manabí	Canoa	Canoa	2	C1
Manabí	Cojimíes	Cojimíes	1	D1
Manabí	Crucita	Crucita	4	D2
Manabí	El Matal	El Matal	2	B1
Manabí	Isla Salango	Buceo de superficie	4	D1
Manabí	Jaramijó	Jaramijó	4	A2
Manabí	Manta	La Chorrera	4	A2
Manabí	Los Frailes	Los Frailes	4	A2
Manabí	Los Gilses	Los Gilses	4	A2
Manabí	Manta	Manta	4	A2
Manabí	Olón	Olón	4	D2
Manabí	Pedernales	Pedernales	2	B2
Manabí	Playa Bruja	Playa Bruja	2	B2
Manabí	Puerto Rico	Puerto Rico	4	D1
Manabí	Punta Blanca	Punta Blanca	4	D1
Manabí	San Clemente	San Clemente	4	A2
Manabí	San Jacinto	San Jacinto	4	A2
Manabí	San José	Puerto Cayo, 2 km	4	C2
Manabí	San Mateo	San Mateo	4	A1
Manabí	San Vicente	San Vicente	2	D1
Manabí	Tarqui	Río Manta	4	A2
Santa Elena	Anconcito	Anconcito	6	B1
Santa Elena	Ayangue	Ayangue	6	A2
Santa Elena	Ballenita	Ballenita	6	B1
Santa Elena	Carnero	Punta Carnero	6	B1
Santa Elena	Chanduy	Chanduy	6	C2
Santa Elena	La Libertad	Península de Sta. Elena	6	B1
Santa Elena	Manglaralto	Manglaralto	4	D2
Santa Elena	Monte Verde	Monteverde	6	A2
Santa Elena	Olón	Olón	4	D2
Santa Elena	Palmas	Palmas	6	A2
Santa Elena	Punta Blanca	Salinas, km 15	6	B1
Santa Elena	Salinas	Salinas	6	B1

El pueblo ecuatoriano es mayoritariamente católico. Lleno de fe religiosa ofrece culto a imágenes y esculturas que, por eventos fortuitos o por milagros atribuidos a ellos, han llegado a arraigarse en su ser.
En fechas de conmemoración religiosa, el ecuatoriano acostumbra concurrir a templos convertidos en santuarios, en peregrinaciones de varios días, como símbolo de fe y agradecimiento por los favores recibidos.

SANTUARIO

Ecuadorians are predominantly catholic. We are full of religious faith and worship images and sculptures that because of miracles or fortituos events have gotten deep into our culture.
On religious dates, people are used to going to this sanctuaries, in religious marches, as a symbol of faith and thankfulness for favors.

SANCTUARY

Provincia / Province	Población / Town	Nombre / Name	m	C
Azuay	Baños	Virgen de Guadalupe	5	C1
Azuay	Cuenca	Catedral nueva y antigua	6	D7
Azuay	El Cajas	Virgen del Cajas	6	D6
Bolívar	Chimbo	Virgen de Lourdes	4	D7
Bolívar	El Huayco	Virgen del Huayco	4	D7
Cañar	Azogues	Virgen de La Nube	4	D8
Cañar	Biblián	Virgen del Rocío	4	D8
Cañar	Taday	Virgen María	6	C8
Carchi	Huaca	Virgen de la Purificación	1	C8
Carchi	La Paz	Nuestra Señora de La Paz	1	D8
Carchi	Mira	Virgen de la Caridad	1	D7
Chimborazo	Cajabamba	Virgen Balbanera	4	D8
Cotopaxi	Guaytacama	Señor del Arbol	5	A1
Cotopaxi	Isinche	Imagen Divino Niño	4	A8
Cotopaxi	Pujilí	Virgen María	4	A8
El Oro	Zaruma	Iglesia Colonial	8	C3
Esmeraldas	Valdez	Virgen de Loreto	1	A4
Guayas	Nobol	Santa Narcisa de Jesús	6	A4
Loja	El Cisne	Virgen del Cisne La Churosita	8	D4
Loja	Malacatos	Virgen María	9	B4
Loja	Saraguro	Virgen María	8	C5
Manabí	Cerro Chone	Cristo Redentor	2	D1
Manabí	Montecristi	Virgen de Monserrate	4	B2
Manabí	Olón	Virgen María	4	D2
Manabí	Pedernales	Virgen María	2	B2
Manabí	San Vicente	Virgen María	2	D1
Morona S.	Macas	Virgen Purísima	7	B2
Napo	Archidona	Virgen María	5	A3
Napo	Cotundo	Virgen del Quinche	5	A3
Napo-Pichin	El Paso	Imagen Virgen María	2	C8
Pichincha	El Cinto	Virgen María	2	C7
Pichincha	El Quinche	Virgen del Quinche	2	B8
Pichincha	Guápulo	Virgen María	2	C7
Pichincha	Perucho	Virgen María	2	A8
Pichincha	Pomasqui	Señor del Arbol	2	B7
Pichincha	Quito	Varios templos	2	C7
Santa Elena	Montañita	Virgen de la Estrella de Mar	4	D2
Tungurahua	Baños	Virgen de Agua Santa	5	C1
Tungurahua	Patate	Virgen María	5	C1

VARIOS

Destacamos algunas muestras de carácter científico y tecnológico en la infraestructura civil, formaciones naturales, curiosidades de un lugar o simplemente la característica de un pueblo que lo hace especial para visitarlo o conocerlo.

We enhance some scientific and technologic aspects about our civil infrastructure, nature, curiosity of a place or simply the characteristic of a place that makes it special to be visited.

OTHERS

Provincia / Province	Población / Town	Característica / Characteristic	m	C
Azuay	Cuenca	Centro histórico	6	D7
Azuay	Cuenca, km 15	Yacimiento paleontológico	6	D8
Azuay	Nudo de Portete	Lugar Histórico	8	A4
Bolívar	Chimbo	Armería	4	D7
Bolívar	Salinas	Elaboración de queserías	4	C7
Carchi	Chical	Antiguo Lavadero de Oro	1	D7
Carchi	San Gabriel	Bosque de Arrayanes	1	D8
Carchi	Tulcán	Cementerio arquitectónico	1	C8
Chimborazo	Alausí-Huigra	Nariz del Diablo, ruta ferrocarril	6	B8
Chimborazo	Tixán	Casa de los Tratados	4	B8
El Oro	Arenillas	Presa Tahuín	8	C2
El Oro	Isla del Amor	Avifauna	8	A1
El Oro	Isla Santa C.	Avifauna, isla Santa Clara	8	A1
El Oro	Malvas	Arquitectura colonial	8	C3
El Oro	Piñas	Arquitectura colonial	8	C3
El Oro-Loja	Puyango	Bosque Petrificado	8	D2
El Oro	Zaruma	Arquitectura colonial	8	D3
Esmeraldas	Esmeraldas	Refinería de petróleo	1	B2
Esmeraldas	La Chiquita	Estación científica	1	B2
Galápagos	Santa Cruz	Est. científica Charles Darwin	0	00
Guayas	Guayaquil	Malecón 2000	6	A4
Guayas	Guayaquil	El Astillero, embarcaciones	6	A4
Guayas	Guayas	Embalse Daule-Peripa	4	A5
Guayas	Guayaquil km 26	Zoo. El Pantanal	6	A4
Guayas	Durán	Parque de diversiones	6	B5
Imbabura	Ibarra	Autódromo de Yaguarcocha	2	A8
Imbabura	Ilumán	Shamanismo	2	A8
Imbabura	Lita	Estación del ferrocarril	1	C6
Loja	Vilcabamba	Valle de población longeva	8	B5
Los Ríos	Babahoyo	Casas flotantes	4	D6
Los Ríos	Vinces	Rodeo Montubio	4	C5
Manabí	Bahía de C.	Mirador de la Cruz, Bahía	2	D1
Manabí	Honorato Vásquez	Embalse Poza Honda	4	B4
Manabí	I. de La Plata	Avifauna similar a Galápagos	4	B1
Manabí	Jipijapa	Pozos de choconchá	4	C2
Manabí	Jipijapa	Cerro de Hojas	4	C2
Manabí	Junín	La Casa del Diablo	4	A3
Manabí	La Pila	Manantial de agua	4	B2
Manabí	Montecristi	Mirador Natural	4	B2
Manabí	Valdivia	Acuario	6	A2
Napo	Aliñahui	Jardín Botánico	5	B4
Napo	Archidona	Capilla Morisca	5	A3
Napo	Tena	Parque Amazónico	5	A3
Orellana	Yasuní	Estación científica	3	D8
Pastaza	Arajuno	Shamanismo	5	B4
Pastaza	Fátima	Zoocriadero	5	C3
Pastaza	Puyo	Jardín Botánico	5	C3
Pastaza	Puyo	Parque etnobotánico	5	C3
Pichincha	Guayllabamba	Zoológico del Distrito	2	B8
Pichincha	Pululahua	Cráter del Pululahua	2	B7
Pichincha	Quito	Centro Histórico	2	B7
Pichincha	San Antonio	Ciudad Mitad del Mundo	2	B7
Pichincha	San Antonio	Kartódromo Mitad del Mundo	2	B7
Tungurahua	Baños	Zoológico	5	C1
Tungurahua	Pisayambo	Represa hidroeléctrica	5	C1

Nomenclatura de Orografía	Names of Mountains
La región montañosa formada por la Cordillera de Los Andes abre las puertas a la excursión, el andinismo y la aventura del Ecoturismo por la variedad de elevaciones con características adecuadas para estas actividades. La variedad y belleza de las elevaciones, brindan la oportunidad de realizar paseos y excursiones familiares. En las montañas se puede practicar andinismo de alto nivel. Aprovechando la majestuosidad de los volcanes, algunos de ellos en actividad permanente, se puede ser testigo de espectaculares escenas de erupciones. Adjuntamos un listado orográfico y de relieve del Ecuador.	The alpine region formed by Los Andes mountain chain is the door to excursion, climbing and ecoadventure for the variety of mountains adecuade for these activities.

The variety and beauty of these mountains provide the chance to go on trips and family excursions. You will be able to practice high climbing taking advantage of the volcanos majesty some of which are still active, so you will witness amazing eruptions, we have enclosed a list of mountains of Ecuador. |

Nombre / Name	m	C	Nombre / Name	m	C

CABO / CAPE

Pasado	2	C1
San Francisco	1	C1
San Lorenzo	4	B1

CORDILLERA / HIGHLANDS

De Portete	8	A4
Estribaciones de Molleturo	6	D5
Boliche	8	A7
Cabeza de Toro	9	A1
Cayapas	1	D6
Cordoncillo	8	C5
De Cutucú Vieja	7	D2
De Guacamayos	3	D1
De Allcuquiru	7	C1
De Chilla	8	C3
De Lelia	2	D5
De Los Llanganates	5	B2
De Los Paredones	9	B5
De Numbalá	9	A5
De Sabanilla	9	B5
De Tioloma	8	C4
De Toisán	1	D5
Del Cóndor	8	B7
Espinal Chupa	3	A2
Galeras	3	D3
Las Lagunillas	9	D4
Las Sábanas	9	C6
Mullopungo	8	A3
Nanguipa	9	A6
Páramos de El Ángel	1	C8
Zapote Naida	8	A7

ISLA / ISLAND

Chupadores Grande	6	C4
De La Esperanza	6	B4
De La Plata	4	B1
De La Seca	6	C4
De Los Ingleses	6	C5
El Viejo	6	A1
Escalante	6	C4
Mondragón	6	C5
Palo Santo	6	C4
Peralta	6	A1
Salango	4	D1
Santa Clara, El Muerto	8	A1
Santay	6	B5
Verde	6	C4

MONTAÑA / MOUNTAIN

De Cojimíes	2	A3
De Jama	2	C2
De Muisne	1	C1

CERRO / HILL

Cerro Cubillán	2	D8
Cerro Hermoso	5	B2
Cerro Negro	3	C2
Cerro Negro	9	A1
Cerro Pan De Azucar	3	C2

PUNTA / POINT

Alta	2	C1
Ancón	6	B1
Arena	8	A2
Arenas	6	D3
Ballena	2	B1
Blanca	4	D1
Bolívar	1	D1
Brava	6	D3
Cabuyal	2	C1
Canoa	4	C2
Capones	8	B1
Carnero	6	B1
Chanduy	6	C2
Chapolla	6	C3
Charapotó	2	D1
Concordia	6	D4
De Jaramijó	4	A2
De Jome	4	A1
De Piedras	6	C2
Del Napo	2	D1
El Bejuco	2	C1
Escalera	4	B1
Galera	1	C1
Gorda	2	D1
Jambelí	8	B2
La Cabezona	4	D1
La Leona	6	A2
La Tintina	6	B2
Machete	4	B1
Mandinga	6	D4
Montañita	4	D1
Ostiones	1	D1
Palmas	2	B2
Payana	8	B1
Pedernales	2	B2
Pelada	6	C3
Piedra Santa	2	C1
Portete	1	D1
Salinas	8	A1
Same	1	C1
San José	4	B1
Santa Elena	6	B1
Súa	1	C1
Tortuga	1	C1
Verde	2	D1

Nombre /Name	m	C	Nombre /Name	m	C

VOLCAN / VOLCANO

(**) activo

Nombre /Name	m	C	Nombre /Name	m	C
Altar 5319 m	5	D1	Imbabura 4563 m	2	A8
Antisana 5753 m	2	C8	Mojanda 4261 m	2	A8
Antisana 5753 m	3	C1	Mulmul 3878 m	5	B2
Atacazo 4463 m	2	C7	Pambamarca 4075 m	2	B8
Carihuairazo 5020 m	4	C8	Pasochoa 4199 m	2	C7
Casitagua 3515 m	2	B7	Pululahua 3356 m	2	B7
Cayambe 5790 m	3	B1	Puntas 4452 m	2	C8
Chiles 4723 m	1	C8	Putzalagua 3512 m	5	A2
Chimborazo 6310 m	4	C8	Quilindaña 4877 m	5	A2
Corazón 4788 m	2	D7	Quilotoa** 3914 m	5	A2
Cotacachi 4944 m	1	D6	Reventador** 3562 m	3	B2
Cotacachi 4944 m	2	A8	Rucu Pichincha 4698 m	2	B7
Cotopaxi 5897 m	2	D7	Rumiñahui 4712 m	2	D7
Cuicocha 3377 m	2	A8	Sagoatoa 4153 m	2	A5
Cusín 3990 m	2	A8	Sangay** 5230 m	7	A2
Fuya Fuya 4263 m	2	A8	Sincholagua 4898 m	2	D8
Guagua Pichincha** 4675 m	2	B7	Sumaco** 3732 m	3	D2
Igualata 4432 m	5	C1	Tungurahua** 5029 m	2	C1
Ilaló 3169 m	2	C8	Yanaurco de Piñan 4538 m	1	D6
Iliniza Sur 5248 m	2	D6			

Hidrografía | *Hydrography*

Los ríos descienden a fértiles valles que irrigan ricas tierras agropecuarias, haciendo que nuestro territorio posea un conjunto de microclimas propicios para el desarrollo de la agricultura y la ganadería.

Los ríos también dan lugar a la formación de cascadas y balnearios naturales, llenos de pureza y aguas cristalinas en los cuales se puede disfrutar a plenitud de la naturaleza y practicar deportes acuáticos y la aventura indescriptible que significa descubrir el maravilloso entorno natural que rodea a los paisajes por los que atraviesan nuestros ríos.

La hidrografía del territorio es innumerable, debido a la presencia del muro de la Cordillera de Los Andes, que deriva en la formación de ríos y lagunas provenientes de los deshielos de los grandes nevados y la presencia de bahías, esteros y estuarios en la región costanera.

Las lagunas ofrecen la posibilidad de cumplir el deseo de ser el pescador soñado. La pureza y tranquilidad de las aguas permiten la práctica de deportes acuáticos, pesca deportiva, canotaje y remo. Los esteros permiten el desarrollo de manglares, zonas de vida de extremada fragilidad, últimamente protegidas y aprovechadas para el ecoturismo.

El medio ambiente que rodea estos parajes de avifauna, bosques, aire puro y soledad es propicio para conservar recuerdos de un retrato familiar.

The rivers come from fertile valleys that irrigate soil, making our country full of different types of weather suitable for the development of agriculture and cattle.

These rivers also form waterfalls and natural ressorts, full of pureness and cristal water in which you will enjoy nature, and practice water sports as well as incredible nature.

You will find wonderful natural surrounding that go across our rivers.

There are many rivers in Ecuador,due to the Andes mountain chain, that create the formation of rivers and lagoons coming from the snow capped mountains and the prescence of lakes, inlets in the coast region.

Our lagoons will make your dream come true about being a great fisherman. The pureness and calmness of the water will let you practice water sports, fishing sports, canoeing and rowing. Inlets develop everglades, life zones very fragile protected for ecotourism.

The environment surrounding these landscapes of birds, forests, freshair and calmness is great to keep memories of your family portrait

Nombre /Name	m	C	Nombre /Name	m	C
BAHIA / BAYS			Lago San Pedro	3	C4
De Caráquez	2	D1	Limoncocha	3	C5
De Manta	4	A2	Lluspa	6	D6
De Tumbes	8	B1	Machángaracocha	6	C7
Santa Elena	6	B1	Magtayán	7	B1
			Mateococha	3	B7
BOCA / CANAL /ENSENADA			Muerte Pungu	2	C8
MOUTH / CANAL			Nunalviro	2	C8
			Oyacachi	2	B8
Boca de Jambelí	6	D4	Pailacocha	7	C1
Boca de I Morro	6	C3	Pañacocha	2	C8
Boca de I Tenguel	8	A2	Pañacocha	3	B1
Canal de Capones	8	B1	Pañacocha	3	C7
Canal de Jambelí	8	A2	Papallacta	2	C8
Canal del Morro	6	D3	Pintada	5	D1
Canal la Caída	1	A5	Puruhanta	3	A1
Ensenada de Atacames	1	B1	Quillopaccha	5	B2
Ensenada de Cayo	4	C1	Quilotoa	4	A8
Ensenada de Mompiche	1	D1	San Martín	8	A5
Ensenada de Pianguapi	1	A4	Shilile	5	D1
Ensenada de Valdivia	6	A1	Shilile	7	A1
Estero Salado	4	A3	Shimbe	9	D4
Estero Salado	6	C4	Siquibulú	4	B8
Estero Tachina	1	D2	Sucus	2	C8
Estero Tangaré	1	B4	Taitachugo	6	D7
Estrecho Santa Rosa	8	B2	Taracoa	3	C5
Estuario de Cojimíes	1	D1	Tarapoa	3	B6
Estuario de Cojimíes	2	A2	Verde	5	D1
			Verde Cocha	7	B1
LAGUNA / LAKE			Yaguarcocha	1	D7
			Yanacocha	5	B2
Añangucocha	3	D6	Culebrillas	6	C8
Canagueno	3	B7	Negras	9	C4
Chinchilla	8	C4	Tinguichaca	7	B1
Condorazo	5	D1	Yuracpato	5	B1
Cox	9	C4			
Cubillin	7	B1			
Cuiche	5	D1	**REPRESA / DAM**		
Cuicocha	2	A8			
Cuicocha	6	D6	Represa Azucar	6	B2
De Atillo	7	B1	Represa Daniel Palacios	7	C1
De Colta	4	D8	Represa de Tahuín	8	C2
De Limpios	2	D7	Represa Pohechos	9	C1
De Mandur	5	D1	Represa Velasco Ibarra	6	B1
De Mica	2	D8	Embalse Daule- Peripa	4	A5
De Pisayambo	5	B2	Embalse La Esperanza	4	A4
De San Marcos	3	A1	Embalse Poza Honda	4	B4
De San Pablo	2	A8	Reservorio San Lorenzo	9	C2
De Secas	2	C8			
De Yacuri	9	C4			
De Yambo	5	B1			
Del Comprade	9	A5			
Donoso	1	D6			
El Canclón	6	C5			
Encantada	3	C1			
Grande	3	B7			
Grande	8	C5			
Grande de Mojanda	2	A8			
Lago Agrio	3	A4			

Nomenclatura de Poblaciones

Names of Towns

Corresponde a un listado de ciudades y poblaciones jerarquizadas, según la división político-administrativa, en orden alfabético, con su respectiva coordenada de ubicación en el mapa.

This list belongs to cities and towns classified according to their political and administration division, in alphabetical order, with its corresponding code, location and map.

QUITO: Capital de la República / *Capital of the country*
GUAYAQUIL: Capital de provincia / *Capital of the province*
Otavalo: Cabecera cantonal / *Canton*
Calderón: Cabecera parroquial / *Parish*

Nombre *Name*	Provincia *Province*	m	C	Nombre *Name*	Provincia *Province*	m	C
Abañín	El Oro	8	B4	**Atuntaquí**	Imbabura	2	A8
Abdón Calderón	Manabí	4	B3	Augusto N. Martínez	Tungurahua	5	B1
Abdón Calderón				Avila	Orellana	3	D3
(La Unión)	Azuay	8	B4	Avila	Orellana	3	A5
Achupallas	Chimborazo	6	B8	Ayabaca	Perú	9	C3
Aguas Negras	Sucumbíos	3	B7	Ayacucho	Manabí	4	B3
Ahuano	Napo	5	B4	Ayapamba	El Oro	8	C3
Alamor	Loja	8	D2	**AZOGUES**	Cañar	6	D8
Alamor	Loja	9	A2	**Baba**	Los Ríos	4	D5
Alangasí	Pichincha	2	C8	**BABAHOYO**	Los Ríos	4	D6
Alaques	Cotopaxi	5	A1	Bachillero	Manabí	2	D2
Alausí	Chimborazo	6	B8	Bachillero	Manabí	4	A3
Aldana	Colombia	1	C8	**Baeza**	Napo	3	C1
Alejandro Labaca	Orellana	3	C4	**Bahía de Caráquez**	Manabí	2	D1
Alfredo Baquerizo M.	Guayas	6	A6	**Balao**	Guayas	6	C5
Alhajuela(Bajo Grande)	Manabí	4	B3	Balsapamba	Bolívar	4	D7
Alluriquín	Santo Domingo	2	C6	**Balsas**	El Oro	8	D3
Alóag	Pichincha	2	C7	**Balzar**	Guayas	4	C4
Aloasí	Pichincha	2	D7	Baños	Azuay	6	D7
Alshi	Morona S.	7	B2	Baños	Azuay	8	A5
Alto Tambo	Esmeraldas	1	B6	**Baños de Agua Sta.**	Tungurahua	5	C1
Amaguaña	Pichincha	2	C7	Baquerizo Moreno	Tungurahua	5	B1
Amaluza	Loja	7	C1	Barbones (Sucre)	El Oro	8	A3
Amaluza	Loja	9	C4	Barraganete	Manabí	2	D3
Amarillos	Loja	8	D3	Barraganete	Manabí	4	A5
Amazonas				Belisario Quevedo			
(Rosario de Cuyes)	Morona S.	8	B6	(Guanaílin)	Cotopaxi	5	A1
Ambatillo	Tungurahua	4	B8	Bella María	El Oro	8	C3
Ambatillo	Tungurahua	5	B1	Bella María	El Oro	8	C2
AMBATO	Tungurahua	5	B1	Bellavista	Manabí	4	C3
Ambuquí	Imbabura	1	D7	Bellavista	Galápagos	0	C3
América	Manabí	4	C2	Bellavista	El Oro	8	C2
Anchayacu	Esmeraldas	1	B4	Bellavista	Loja	9	C4
Ancón	Esmeraldas	1	A5	Bellavista	Zamoar Ch.	8	D7
Anconcito	Santa Elena	6	B1	Bendito	Perú	8	B1
Angamarca	Cotopaxi	4	B8	Benítez (Pachanlica)	Tungurahua	5	C1
Angel Pedro Giler	Manabí	4	A3	Bermejos	Morona S.	8	B6
Angochagua	Imbabura	3	A1	**Biblián**	Cañar	6	D8
Antonio José Holguín				Bilbao	Chimborazo	5	C1
(Santa Lucía)	Cotopaxi	5	B1	Bilován	Bolívar	4	D7
Antonio Sotomayor	Los Ríos	4	D5	Bocana del Búa	No delimitado		
Apuela	Imbabura	1	D6	Bolaspamba	Loja	9	A1
Apuela	Imbabura	2	A7	Bolívar	Tungurahua	5	C1
Arajuno	Pastaza	5	B4	Bolívar	Esmeraldas	1	D1
Arapicos	Morona S.	5	D3	**Bolívar**	Carchi	1	D8
Arapicos	Morona S.	7	A3	Bomboiza	Morona S.	8	B7
Arcapamba	El Oro	8	C3	Borbón	Esmeraldas	1	B4
Archidona	Napo	5	A3	Boyacá	Manabí	2	D2
Arenillas	El Oro	8	C2	Buenavista	El Oro	8	B3
Arq. Sixto Durán B.	Manabí	4	C3	Buenavista	Loja	8	D3
Ascázubi (Asancoto)	Pichincha	2	B8	Bulán (J. V. Izquierdo)	Azuay	6	D8
Asunción	Bolívar	4	D7	Cabo Inga	Perú	8	D1
Asunción	Morona S.	7	C2	Cabo Inga	Perú	9	A1
Asunción	Azuay	8	B5	Cacha	Chimborazo	4	D8
Atacames	Esmeraldas	1	C1	Cacha	Chimborazo	5	D1
Atahualpa	Manabí	2	B2	Cahuasquí	Imbabura	1	D7
Atahualpa	Esmeraldas	1	C4	Calacalí	Pichincha	2	B7
Atahualpa	Santa Elena	6	B2	**Calceta**	Manabí	4	A4
Atahualpa (Chisalata)	Tungurahua	5	B1	Calderón	Esmeraldas	1	A5
Atahualpa (Habaspamba)	Pichincha	2	A8	Calderón	Pichincha	2	B7
Atuntaqui	Imbabura	1	D7	Calpi	Chimborazo	4	D8

Nombre / Name	Provincia / Province	m	C	Nombre / Name	Provincia / Province	m	C
Caluma	Bolívar	4	D7	Chiguaza	Morona S.	7	A3
Camarones	Esmeraldas	1	B2	Chigüinda	Morona S.	8	B6
Camilo Ponce E.	Azuay	8	A3	**Chilla**	El Oro	8	B3
Campozano	Manabí	4	C3	**Chillanes**	Bolívar	4	A7
Canchagua	Cotopaxi	4	A8	Chinca	Esmeraldas	1	C2
Canchagua	Cotopaxi	5	A1	Chiquicha	Tungurahua	5	B1
Canelos	Pastaza	5	B4	Chiquintad	Azuay	6	D7
Cangahua	Pichincha	2	B8	Chiquintao	Azuay	6	D7
Cangonamá	Loja	9	A3	Chirijos	Manabí	4	B3
Cangonomá	Loja	8	D3	Chitán de Navarrete	Carchi	1	C8
Canoa	Manabí	2	C1	Chito	Zamora Ch.	9	D5
Canuto	Manabí	4	A4	Chobo	Guayas	6	B5
Cañaquemada	El Oro	8	B3	**Chone**	Manabí	2	D2
Cañar	Cañar	6	C8	Chongón	Guayas	6	B4
Cañi	Chimborazo	4	D7	Chontaduro	Esmeraldas	1	B3
Capiro	El Oro	8	C3	Chontamarca	Cañar	6	C7
Capzol	Chimborazo	6	B8	Chontapunta	Napo	5	A5
Caracol	Los Ríos	4	D6	**Chordeleg**	Azuay	6	D8
Carcabón	El Oro	8	C1	Chorocopte	Cañar	6	C8
Cariamanga	Loja	9	B4	Chuga	Imbabura	1	D8
Carlos Julio A. Tola	Napo	5	B3	Chugchillán	Cotopaxi	4	A8
Carlosama	Colombia	1	C8	**Chulucanas**	Perú	9	D2
Carolina	Imbabura	1	C7	Chumblín	Azuay	8	A5
Carondelet	Esmeraldas	1	B5	Chumundé	Esmeraldas	1	C3
Casacay	El Oro	8	B3	**Chunchi**	Chimborazo	6	B8
Casanga	Loja	8	D3	Chupianza	Morona S.	7	D2
Casanga	Loja	9	A3	Chuquiribamba	Loja	8	D4
Cascol	Manabí	4	D3	Chura (Chancama)	Esmeraldas	1	D2
Catacocha	Loja	8	D3	Ciano	Loja	8	D2
Catacocha	Loja	9	A3	Cinco de Junio	Esmeraldas	1	B5
Catamayo	Loja	8	D4	Cochapamba	Cotopaxi	4	A8
Catamayo	Loja	9	A4	Cochapata	Azuay	8	B5
Catarama	Los Ríos	4	C6	Cojimíes	Manabí	1	D1
Cayambe	Pichincha	2	B8	Cojitambo	Cañar	6	D8
Cayambe	Pichincha	3	B1	Colaisaca	Loja	9	B3
Cazaderos (Mangahurco)	Loja	9	A1	**Colimes**	Guayas	4	C4
Cebadas	Chimborazo	6	A8	Colón Eloy del María	Esmeraldas	1	B4
Cebadas	Chimborazo	7	A1	Colonche	Santa Elena	6	A2
Celica	Loja	9	A2	Colonia Villegas	No delimitado	2	B4
Cevallos	Tungurahua	5	C1	Columbe	Chimborazo	6	A8
Chacarita	Los Ríos	4	C6	Compud	Chimborazo	6	B8
Chacras	El Oro	8	C1	Concepción	Esmeraldas	1	B5
Chaguarpamba	Loja	8	D3	Concepción	Carchi	1	D7
Chalaco	Perú	9	D3	Conocoto	Pichincha	2	C7
Chaltura	Imbabura	2	A8	Cononaco	Orellana	5	C8
Chambo	Chimborazo	5	D1	Constantino Fernández	Tungurahua	5	B1
Chanduy	Santa Elena	6	C2	Convento	Manabí	2	C2
Changaimina (La Libertad)	Loja	9	A4	Copal	Morona S.	7	D1
Chantaco	Loja	8	D4	Cordoncillo	El Oro	8	C3
Chantilín	Cotopaxi	5	A1	Coronel Carlos Concha T.	Esmeraldas	1	C2
Chantillin	Cotopaxi	4	A8	Coronel Lorenzo			
Chaquinal	Loja	8	D2	de Garaycoa	Guayas	6	A6
Chaquinal	Loja	9	A2	**Coronel Marcelino**			
Charapotó	Manabí	4	A3	**Maridueña**	Guayas	6	B6
Chaucha	Azuay	6	D6	Cosanga	Napo	3	D1
Chavezpamba	Pichincha	2	A8	**Cotacachi**	Imbabura	2	A8
Checa (Chilpa)	Pichincha	2	B8	Cotaló	Tungurahua	5	C1
Checa (Jidcay)	Azuay	6	D7	Cotogchoa	Pichincha	2	C7
Chibunga	Manabí	2	B3	Cotundo	Napo	5	A3
Chicán (Guillermo Ortega)	Azuay	6	D8	Cp. Augusto Rivadeneira	Orellana	3	D8
Chicaña	Zamora Ch.	8	C6	Cristóbal Colón	Carchi	1	C8

Nombre / Name	Provincia / Province	m	C	Nombre / Name	Provincia / Province	m	C
Crucita	Manabí	4	A2	El Guismi	Zamora Ch.	8	C7
Cruzpamba	Loja	9	A2	El Ideal	Morona S.	8	B7
Cube	Esmeraldas	1	D2	El Ingenio	El Oro	8	C2
Cubijíes	Chimborazo	5	D1	El Ingenio	Loja	9	B4
Cuchaentza	Morona S.	7	B3	El Laurel	Guayas	4	D4
CUENCA	Azuay	6	D7	El Limo Mariana de Jesús	Loja	8	D2
Cumandá	Morona S.	5	C2	El Limo (Mariana de Jesús)	Loja	9	A2
Cumandá	Chimborazo	6	B7	El Lucero	Loja	9	B4
Cumbal	Colombia	1	C8	El Pan	Azuay	6	D8
Cumbaratza	Zamora Ch.	8	D6	El Pan	Azuay	7	D1
Cumbaratza	Zamora Ch.	9	A6	El Pangui	Zamora Ch.	8	C7
Cumbayá	Pichincha	2	B7	El Papayo	Perú	9	C1
Cumbe	Azuay	8	A5	El Paraíso	El Oro	8	D2
Cunchibamba	Tungurahua	5	B1	El Paraíso	No delimitado		
Curaray	Pastaza	5	C6	El Paraíso de Celén	Loja	8	C4
Curtincapa	El Oro	8	C4	El Piedrero	No delimitado		
Cusubamba	Cotopaxi	4	B8	El Playón de			
Cutchil (Cuchil)	Azuay	8	A6	San Francisco*	Sucumbíos	1	B8
Cutuglahua	Pichincha	2	C7	El Porvenir del Carmen	Zamora Ch.	9	C5
Cuyabeno	Sucumbíos	3	C8	El Prado	Perú	8	C1
Cuyuja	Napo	2	C1	El Progreso	Azuay	8	B5
Cuzco	Perú	9	A1	El Quinche	Pichincha	2	B8
Daniel Córdova Toral	Azuay	6	D8	El Retiro	El Oro	8	B2
Daule	Esmeraldas	1	D1	El Reventador	Sucumbíos	3	B2
Daule	Guayas	4	D4	El Rosario	Guayas	4	B5
Daule	Guayas	6	A4	El Rosario	Loja	8	D3
Dayuma	Orellana	3	D5	El Rosario	Morona S.	8	B6
Déleg	Cañar	6	D8	El Rosario (Rumichaca)	Tungurahua	5	C1
Dieciseis de Agosto	Morona S.	5	D3	El Salitre			
Diez de Agosto	Manabí	2	B2	(Las Ramas)	Guayas	4	D5
Diez de Agosto	Pastaza	5	C3	El Salitre			
Doce de Diciembre	Loja	9	A2	(Las Ramas)	Guayas	6	A5
Dr. Miguel Egas (Peguche)	Imbabura	2	A8	El Salto	Perú	8	B1
Ducur	Cañar	6	C7	El Tablón	Azuay	8	B5
Dug Dug	Azuay	6	D8	El Tambo	Cañar	6	C8
Dureno	Sucumbíos	3	B5	El Tambo	Loja	9	A4
Echeandia	Bolívar	4	C6	El Triunfo	Tungurahua	5	C1
El Airo	Loja	9	B4	El Triunfo	Pastaza	5	C3
El Altar	Chimborazo	5	C1	El Triunfo	Guayas	6	B6
El Anegado	Manabí	4	C2	Eloy Alfaro	Manabí	2	C2
El Angel	Carchi	1	C8	Eloy Alfaro (Durán)	Guayas	6	B5
El Arenal	Loja	8	D2	Emilio María Terán	Tungurahua	5	B1
El Cabo	Azuay	6	D8	Enokanqui	Sucumbíos	3	C5
El Cambio	El Oro	8	B2	ESMERALDAS	Esmeraldas	1	B2
El Carmelo (El Pun)	Carchi	1	A8	Eugenio Espejo (Calpaquí)	Imbabura	2	A8
El Carmen	Manabí	2	C4	Facundo Vela	Bolívar	4	B7
El Carmen de Pijilí	Azuay	8	A4	Fátima	Pastaza	5	C3
El Chaco	Napo	3	C2	Febres Cordero (Las Juntas)	Los Ríos	6	A6
El Chaupi	Pichincha	2	D7	Fernández Salvador	Carchi	1	D8
El Chical	Carchi	1	B7	Flavio Alfaro	Manabí	2	C3
El Chorro	Zamora Ch.	9	D5	Flores	Chimborazo	4	D8
El Cisne	Loja	8	D4	Flores	Chimborazo	5	D1
El Corazón	Cotopaxi	4	B7	Frías	Perú	9	D2
El Dorado	Orellana	3	D4	Fundochamba	Loja	9	B4
El Dorado de				Galera	Esmeraldas	1	C1
Cascales	Sucumbíos	3	B4	García Moreno	Carchi	1	D8
El Edén	Orellana	3	D7	García Moreno	Orellana	3	D4
El Eno	Sucumbíos	3	B5	García Moreno (Chumaqui)	Tungurahua	5	C1
El Esfuerzo	Santo Domingo	2	C5	García Moreno (Llumiragua)	Imbabura	2	A7
El Goaltal	Carchi	1	C7	Garzareal	Loja	9	B1
El Guabo	El Oro	8	B3	General Farfán	Sucumbíos	3	A5

Nombre Name	Provincia Province	m	C	Nombre Name	Provincia Province	m	C
General Morales	Cañar	6	C7	**Huaquillas**	El Oro	8	B1
General Proaño	Morona S.	7	B2	Huasaga (Wampuik)	Morona S.	7	C6
General Vernaza	Guayas	4	D5	Huertas	El Oro	8	C3
Gima	Azuay	8	A6	Huigra	Chimborazo	6	B7
Girón	Azuay	8	A5	**IBARRA**	Imbabura	1	D7
González Suárez	Imbabura	2	A8	**IBARRA**	Imbabura	3	A1
Gonzalo Díaz de Pineda	Napo	3	C2	Ignorado	No delimitado		
Gonzalo Pizarro	Sucumbíos	3	B3	Ilapo	Chimborazo	5	C1
Gonzanamá	Loja	9	A4	Imantag	Imbabura	1	D7
Gonzol	Chimborazo	6	B8	Imantag	Imbabura	2	A8
Gral Antonio				Imbana	Zamora Ch.	8	D5
Elizalde (Bucay)	Guayas	6	B7	Imbaya	Imbabura	1	D7
Gral Leonidas				Indanza	Morona S.	8	A7
Plaza G.	Morona S.	8	A7	Inés Arango*	Orellana	3	C4
Gral Leonidas				Ingapirca	Cañar	6	C8
Plaza G.	Morona S.	7	D1	**Isidro Ayora**	Guayas	6	A4
Gral Pedro J. Montero	Guayas	6	B5	Isinliví	Cotopaxi	2	D6
Gral Villamil				Isinliví	Cotopaxi	4	A8
(Playas)	Guayas	6	C3	Isla de Bejucal	Los Ríos	4	D5
Guachanamá	Loja	9	A2	Izamba	Tungurahua	5	B1
Guachanamá	Loja	9	A3	Jadán	Azuay	6	D8
Guachapala	Azuay	6	D8	**Jama**	Manabí	2	B1
Guadalupe	Zamora Ch.	8	D6	Jambelí	Sucumbíos	3	A4
Guaitacama	Cotopaxi	5	A1	Jambelí (urbana)	El Oro	8	B2
Gualaceo	Azuay	6	D8	**Jaramijó**	Manabí	4	A2
Gualaquiza	Morona S.	8	B7	Javier Loyola	Cañar	6	D8
Guale	Manabí	4	D3	Jerusalén	Cañar	6	D8
Gualea	Pichincha	2	A6	Jesús María	Guayas	6	C6
Gualel	Loja	8	D4	Jijón y Caamaño	Carchi	1	C7
Gualleturo	Cañar	6	C7	Jililí	Perú	9	C3
Guambaló	Tungurahua	5	C1	Jimbilla	Loja	8	D5
Guamote	Chimborazo	6	A8	Jimbura	Loja	9	C4
Guanando	Chimborazo	5	C1	**Jipijapa**	Manabí	4	C2
Guanazán	El Oro	8	B4	José Luis Tamayo	Santa Elena	6	B1
Guangaje	Cotopaxi	4	A8	Joseguango Bajo	Cotopaxi	5	A1
Guangopolo	Pichincha	2	C7	Juan Bautista Aguirre	Guayas	6	A5
Guano	Chimborazo	4	D8	Juan Benigno Vela	Tungurahua	4	C8
Guano	Chimborazo	5	D1	Juan de Velasco (Pangor)	Chimborazo	4	D8
Guanujo	Bolívar	4	C7	Juan de Velasco (Pangor)	Chimborazo	6	A8
Guapán	Cañar	6	D8	Juan Gómez R. (Progreso)	Guayas	6	C3
Guarainag	Azuay	7	C1	Juan Montalvo	Carchi	1	D7
GUARANDA	Bolívar	4	D7	Julcuy	Manabí	4	C2
Guare	Los Ríos	4	D5	Julio Andrade (Orejuela)	Carchi	1	C8
Guasaganda	Cotopaxi	4	A7	Julio E. Moreno	Bolívar	4	D7
Guasuntos	Chimborazo	6	B8	Juncal	Cañar	6	C7
GUAYAQUIL	Guayas	6	B4	**Junín**	Manabí	4	A3
Guayas (Pueblo Nuevo)	Guayas	4	A6	Junquillal	Guayas	4	D5
Guayllabamba	Pichincha	2	B8	La Avanzada	El Oro	8	C2
Guayquichuma	Loja	8	D3	La Belleza	Orellana	3	C4
Guayzimi	Zamora Ch.	8	D6	La Bocana	El Oro	8	C2
Guayzimi	Zamora Ch.	9	A6	**La Bonita**	Sucumbíos	1	B8
Güel	Azuay	8	A6	La Candelaria	Chimborazo	5	D1
Guizhagüiña	El Oro	8	C4	La Chonta	Zamora Ch.	9	D5
Higuerón	Perú	8	C1	La Chorrera	Perú	9	A1
Honorato Vásquez	Manabí	4	B3	**La Concordia**	Santo Domingo	2	A4
Honorato Vásquez	Cañar	6	C8	La Esperanza	Imbabura	2	A8
Huaca	Carchi	1	C8	La Esperanza	Pichincha	2	B8
Huachi Grande	Tungurahua	5	C1	La Esperanza	Imbabura	3	A1
Huambi	Morona S.	7	C2	La Esperanza	Los Ríos	4	A6
Huamboya				La Iberia	El Oro	8	B3
(24 de Mayo)	Morona S.	7	A3	La Independencia	No delimitado	2	B4

Nombre / Name	Provincia / Province	m	C	Nombre / Name	Provincia / Province	m	C
La Joya de los Sachas	Orellana	3	C5	Lomas de Sargentillo	Guayas	6	A4
La Libertad	Santa Elena	6	B1	**Loreto**	Orellana	3	D3
La Libertad	El Oro	8	D2	Los Andes	Carchi	1	D8
La Libertad (Caliza)	Carchi	1	C8	Los Andes	Tungurahua	5	B1
La Maná	Cotopaxi	4	A7	Los Angeles	Los Ríos	4	C6
La Merced	Pichincha	2	C8	Los Encuentros	Zamora Ch.	8	C7
La Merced Buenos Aires	Imbabura	1	C6	Los Lojas	Guayas	6	A4
La Paz	Azuay	8	B5	Ludo	Azuay	8	A6
La Paz	Carchi	1	D8	Luis Cordero	Cañar	6	D8
La Paz	Zamora Ch.	8	C6	Luis Cordero Vega	Azuay	6	D8
La Peaña	El Oro	8	B3	Luis Galarza O	Azuay	8	A6
La Pila	Manabí	4	B2	Luis Vargas Torres	Esmeraldas	1	C5
La Providencia	Chimborazo	5	C1	**Lumbaquí**	Sucumbíos	3	B3
La Sofía	Sucumbíos	1	D8	Luz de América	Santo Domingo	2	C5
La Sofía	Sucumbíos	3	A2	**Macará**	Loja	9	B2
La Tingue	Loja	8	D3	**MACAS**	Morona S.	7	B2
La Tola	Esmeraldas	1	A4	**Machachi**	Pichincha	2	D7
La Troncal	Cañar	6	C6	**MACHALA**	El Oro	8	B2
La Unión	Esmeraldas	1	C1	Machalilla	Manabí	4	C2
La Unión	Esmeraldas	2	A4	Macuma	Morona S.	7	A4
La Unión	Manabí	4	C3	Madre Tierra	Pastaza	5	C3
La Unión	Manabí	4	B4	Magdalena	Bolívar	4	D7
La Unión	Los Ríos	4	D6	Majua	Esmeraldas	1	C2
La Unión	Azuay	6	D8	Malacatos	Loja	9	A4
La Unión	Azuay	8	A6	Malchinguí	Pichincha	2	B8
La Unión	No delimitado	2	D4	Maldonado	Esmeraldas	1	B4
La Victoria	Cotopaxi	4	A8	Maldonado	Carchi	1	B7
La Victoria	El Oro	8	D2	Malimpia	Esmeraldas	1	D3
La Victoria	Loja	9	B3	Malvas	El Oro	8	C3
La Victoria (Dauza)	Guayas	6	A5	Manga del Cura	No delimitado		
La Villegas	Esmeraldas	2	B4	Mangahurco (Cazaderos)	Loja	9	A1
Lagarto	Esmeraldas	1	B3	Manglaralto	Santa Elena	4	D2
Lago San Pedro	Orellana	3	C4	Manglaralto	Santa Elena	4	A2
Lagunas	Perú	9	C3	**Manta**	Manabí	4	A2
Lancones	Perú	9	C1	Manú	Loja	8	C4
Larama	Loja	9	B2	Manuel Cornejo			
Las Golondrinas	No delimitado	2	A5	Astorga T.	Pichincha	2	C6
Las Lomas	Perú	9	C1	Manuel J. Calle	Cañar	6	B6
Las Naves	Bolívar	4	B6	**Marcabelí**	El Oro	8	D2
Las Nieves	Azuay	8	B5	Marcos Espinel (Chacata)	Tungurahua	5	B1
Las Pampas	Cotopaxi	2	C6	Mariano Moreno	Azuay	6	D8
Lascano	Manabí	4	C3	MarianoAcosta	Imbabura	3	A1
LATACUNGA	Cotopaxi	5	A1	Mariscal Sucre	Carchi	1	D8
Laurel	Guayas	4	D4	Mariscal Sucre (Huaques)	Guayas	6	A6
Lauro Guerrero	Loja	8	D3	Mataje	Esmeraldas	1	A5
Licán (urbana)	Chimborazo	4	D8	Matapalo	Perú	8	C1
Licto	Chimborazo	5	D1	Matus	Chimborazo	5	C1
Limonal	Guayas	4	D4	Membrillal	Manabí	4	B2
Limoncocha	Sucumbíos	3	C5	Membrillo	Manabí	4	A4
Limones	Loja	9	B1	**Mera**	Pastaza	5	C2
Linares	Napo	3	C2	Mercadillo	Loja	8	D2
Lita	Imbabura	1	C6	Mercadillo	Loja	9	A2
Llacao	Azuay	6	D8	**Milagro**	Guayas	6	B5
Llagos	Chimborazo	6	B7	Milagro	El Oro	8	C3
Llano Chico	Pichincha	2	B7	Milagros	Loja	9	A1
Lligua	Tungurahua	5	C1	Mindo	Pichincha	2	B6
Lloa	Pichincha	2	C7	**Mira (Chontahuasi)**	Carchi	1	D7
Lluzhapa	Loja	8	C4	Mocache	Los Ríos	4	B6
Logroño	Morona S.	7	C2	**Mocha**	Tungurahua	4	C8
LOJA	Loja	8	D5	Molleturo	Azuay	6	D6
LOJA	Loja	9	A5	Montalvo	Esmeraldas	1	B3

Nombre / Name	Provincia / Province	m	C	Nombre / Name	Provincia / Province	m	C
Montalvo	Los Ríos	4	D6	Pacto	Pichincha	2	A6
Montalvo	Tungurahua	5	C1	**Pajón**	Manabí	4	C3
Montalvo (Andoas)	Pastaza	7	A6	**Palanda**	Zamora Ch.	9	C5
Monte Olivo	Carchi	1	D8	**Palenque**	Los Ríos	4	C5
Montecristi	Manabí	4	B2	**Palestina**	Guayas	4	D4
Montero	Perú	9	C3	Paletillas	Loja	9	A1
Monterrey	Esmeraldas	2	B4	**Pallatanga**	Chimborazo	6	A7
Monterrey	No delimitado	2	B4	Palma Roja	Sucumbíos	3	A7
Morales	El Oro	8	C4	Palmales	El Oro	8	C2
Moraspungo	Cotopaxi	4	B7	Palmas	Azuay	7	D1
Moromoro	El Oro	8	C3	Palmira	Chimborazo	6	A8
Morro	Guayas	6	C3	Palo Quemado	Cotopaxi	2	C6
Muisne	Esmeraldas	1	C1	**Palora (Metzera)**	Morona S.	5	D3
Mulalillo	Cotopaxi	5	B1	Pampanal de Bolívar	Esmeraldas	1	A4
Mulaló	Cotopaxi	5	A1	Pampas de Hospital	Perú	8	C1
Mulliquindil				Pan de Azucar	Morona S.	8	A7
(Santa Ana)	Cotopaxi	5	B1	Pancho Negro	Cañar	6	C6
Multitud	Chimborazo	6	B7	Pano	Napo	5	B3
Muluncay Grande	El Oro	8	C3	Pansaleo	Cotopaxi	5	B1
Nabón	Azuay	8	B5	Pañacocha	Sucumbíos	3	C7
Nambacola	Loja	9	A4	Papallacta	Napo	2	C8
Namballe	Perú	9	D5	Papallacta	Napo	3	C1
Nanegal	Pichincha	2	A7	Papayal	Perú	8	C1
Nanegalito	Pichincha	2	B7	**Paquisha**	Zamora Ch.	8	D6
Naranjal	Guayas	6	C5	Partidor	Perú	9	C1
Naranjito	Guayas	6	B6	Pasa	Tungurahua	4	B8
Narcisa de				**Pasaje**	El Oro	8	B3
Jesús (Nobol)	Guayas	6	A4	Pataquí	Imbabura	2	A8
Natabuela	Imbabura	2	A8	Patate	Tungurahua	5	C1
Nayón	Pichincha	2	B7	Patricia Pilar	Los Ríos	2	D4
Nazón	Cañar	6	D8	Patuca	Morona S.	7	D2
Noboa	Manabí	4	C3	**Paute**	Azuay	6	D8
Nono	Pichincha	2	B7	Pdte. Urbina			
Nueva Fátima	Loja	9	B3	(Chagrapamba)	Tungurahua	5	B1
NUEVA LOJA	Sucumbíos	3	A5	**Pedernales**	Manabí	2	B2
Nueva Tarqui	Morona S.	8	B6	**Pedro Carbo**	Guayas	4	D3
Nuevo Paraíso	Orellana	3	C5	Pedro Pablo Gómez	Manabí	4	B2
Nuevo Quito	Zamora CH.	8	D6	**Pedro Vicente**			
Nuevo Rocafuerte	Orellana	5	A8	**Maldonado**	Pichincha	2	A5
Nulti	Azuay	6	D8	**Pelileo**	Tungurahua	5	C1
Octavio Cordero P.	Azuay	6	D7	**Penipe**	Chimborazo	5	C1
Olmedo	Loja	8	D3	Peñaherrera	Imbabura	1	D6
Olmedo	Manabí	4	C3	Peñaherrera	Imbabura	2	A7
Olmedo (Pesillo)	Pichincha	3	A1	Perucho	Pichincha	2	A7
Once de Noviembre	Cotopaxi	4	A8	Piartal	Carchi	1	D8
Once de Noviembre				Picaigua	Tungurahua	5	B1
(Llinchis)	Cotopaxi	5	A1	**Pichincha**	Manabí	4	B5
Oña	Azuay	8	B5	Piedras	El Oro	8	C2
Orellana	Perú	9	C8	Pifo	Pichincha	2	C8
Orianga	Loja	8	D3	Pilagüín	Tungurahua	4	B8
Otavalo	Imbabura	2	A8	Pílalo	Cotopaxi	4	A7
Otón	Pichincha	2	B8	**Pillaro**	Tungurahua	5	B1
Oyacachi	Napo	3	C1	**Pimampiro**	Imbabura	1	D8
Pablo Arenas	Imbabura	1	D7	Pimocha	Los Ríos	4	D5
Pablo Sexto	Morona S.	7	A3	Pimocha	Los Ríos	4	A5
Pablo VI	Morona S.	7	A3	**Pindal**	Loja	9	A2
Pacayacu	Sucumbíos	3	B6	Pindilig	Cañar	6	C8
Pacaypamba	Perú	9	D3	Pinguili	Tungurahua	5	C1
Paccha	Azuay	6	D8	Pinllopata	Cotopaxi	4	B7
Paccha	El Oro	8	C3	Pintag	Pichincha	2	C8
Pachicutza	Zamora Ch.	9	A7	**Piñas**	El Oro	8	C3

Nombre / Name	Provincia / Province	m	C	Nombre / Name	Provincia / Province	m	C
Pioter	Carchi	1	C8	**Quero**	Tungurahua	5	C1
Pistishi	Chimborazo	6	B8	**Quevedo**	Los Ríos	4	B6
Plan Piloto	Esmeraldas	2	B4	**Quilanga**	Loja	9	B4
Plaza Gutiérrez	Imbabura	1	D6	Químiag	Chimborazo	5	D1
Plaza Gutiérrez	Imbabura	2	A7	Quinara	Loja	9	B5
Poaló	Cotopaxi	4	A8	Quinchicoto	Tungurahua	4	C8
Poaló	Cotopaxi	5	A1	Quinchicoto	Tungurahua	5	C1
Pomasqui	Pichincha	2	B7	Quingeo	Azuay	8	A6
Pomona	Pastaza	5	D3	**Quinsaloma**	Los Ríos	4	B6
Pompeya	Orellana	3	C5	Quiroga	Imbabura	2	A8
Portovelo	El Oro	8	C3	Quiroga	Manabí	4	A4
PORTOVIEJO	Manabí	4	B3	Quisapincha	Tungurahua	4	B8
Posorja	Guayas	6	D3	Quisapincha	Tungurahua	5	B1
Pozul	Loja	9	A2	**QUITO**	Pichincha	2	C7
Presidente Urbina	Tungurahua	5	B1	Ramón Campaña	Cotopaxi	4	B7
Principal	Azuay	8	A6	Régulo de Mora	Bolívar	6	A7
Progreso	Azuay	8	B5	Remigio Crespo Toral	Azuay	6	D8
Progreso	El Oro	8	B3	Ricaurte	Manabí	2	D2
PTO BAQUERIZO M.	Galápagos	0	00	Ricaurte	Los Ríos	4	C6
PTO. FCO. DE ORELLANA (Coca)	Orellana	3	C4	Ricaurte	Azuay	6	D7
				Río Blanco	Morona S.	7	B2
Pto Murialdo (Boca del Suno)	Orellana	3	D4	Río Bonito	El Oro	8	A3
Pucapamba	Zamora Ch.	9	D5	Río Corrientes	Pastaza	7	C8
Pucará	Azuay	8	B4	Río Negro	Tungurahua	5	C2
Pucayacu	Cotopaxi	2	D5	Río Tigre	Pastaza	7	A8
Pueblo Nuevo	Manabí	4	A3	**Río Verde**	Esmeraldas	1	B3
Pueblo Nuevo	Perú	9	B1	Río Verde	Tungurahua	5	C2
Pueblo Nuevo	No delimitado			**RIOBAMBA**	Chimborazo	4	D8
Pueblo Viejo	Los Ríos	4	C6	**RIOBAMBA**	Chimborazo	5	D1
Puela	Chimborazo	5	C1	Ríochico	Manabí	4	A3
Puéllaro	Pichincha	2	B8	Rivera	Cañar	6	C8
Puembo	Pichincha	2	B8	Rivera	Cañar	7	C1
Puerto Misahuallí	Napo	5	B4	Roberto Astudillo	Guayas	6	B6
Puerto Ayora	Galápagos	0	00	Rocafuerte	Esmeraldas	1	B3
Puerto Bolívar (urbana)	El Oro	8	B2	**Rocafuerte**	Manabí	4	A3
Puerto Bolívar(Pto. Montúfar)	Sucumbíos	3	B7	Rosa Florida	Sucumbíos	1	B8
				Rosa Zárate	Esmeraldas	1	D3
Puerto de Cayo	Manabí	4	C2	**Rosa Zárate**	Esmeraldas	2	A4
Puerto El Carmen del Putumayo	Sucumbíos	3	A8	Rumipamba	Pichincha	2	D7
				Rumipamba	Tungurahua	5	C1
Puerto Libre	Sucumbíos	3	A3	Rumipamba	Orellana	3	C5
Puerto Limón	Santo Domingo	2	C4	Sabanilla	Guayas	5	D3
Puerto López	Manabí	4	C1	Sabanilla	Guayas	6	A3
Puerto Napo	Napo	5	B3	Sabanilla	Zamora Ch.	8	D5
Puerto Pechiche	Los Ríos	4	C6	Sabanilla	Loja	9	A2
Puerto Pizarro	Perú	8	C1	Sabanilla	Loja	9	A5
Puerto Quito	Pichincha	2	A5	Sabiango	Loja	9	B3
Puerto Rodríguez	Sucumbíos	3	B8	Sacapalca	Loja	9	A4
Puerto Villamil	Galápagos	0	00	Salango	Manabí	4	D1
Pujilí	Cotopaxi	4	A8	Salasaca	Tungurahua	5	C1
Pumallacta	Chimborazo	6	B8	Salatí	El Oro	8	C4
Pumpuentsa	Morona S.	7	C5	Salima	Esmeraldas	1	D1
Puná	Guayas	6	D4	Salima	Esmeraldas	2	A2
Pungalá	Chimborazo	5	D1	Salinas	Imbabura	1	D7
Pungalá	Chimborazo	7	A1	Salinas	Bolívar	4	C7
Punín	Chimborazo	4	D8	**Salinas**	Santa Elena	6	B1
Punín	Chimborazo	5	D1	Salvias	El Oro	8	C4
Purunuma	Loja	9	A4	**Samborondón**	Guayas	6	A5
PUYO	Pastaza	5	C3	San Andrés	Chimborazo	4	D8
Qiungüe	Esmeraldas	1	C1	San Andrés	Tungurahua	5	B1
				San Andrés	Zamora Ch.	9	C4

Nombre *Name*	Provincia *Province*	m	C	Nombre *Name*	Provincia *Province*	m	C
San Antonio	Imbabura	1	D7	Chimbo	Bolívar	4	D7
San Antonio	Manabí	2	D2	San José de Dahuano	Orellana	3	D3
San Antonio	Pichincha	2	B7	San José de Dahuano	Orellana	5	A5
San Antonio	Imbabura	2	A8	San José de Guaysia	Orellana	3	C4
San Antonio	Cañar	6	C7	San José de Lourdes	Perú	9	D6
San Antonio	El Oro	8	C2	San José de Minas	Pichincha	2	A8
San Antonio	Loja	8	D3	San José de Morona	Morona S.	7	C4
San Antonio	Morona S.	8	A7	San José de Poaló	Tungurahua	5	B1
San Antonio	Loja	9	A3	San José de Quichinche	Imbabura	2	A8
San Antonio de Bayushig	Chimborazo	5	C1	San José de Raranga	Azuay	8	A5
San Antonio de Cumbe	Loja	8	C4	San José del Chazo	Chimborazo	5	C1
San Antonio de Las Aradas	Loja	9	B4	San José del Payamino	Orellana	3	D3
San Bartolomé	Azuay	8	A6	San José del Tambo	Bolívar	4	A7
San Bartolomé de Pinllo	Tungurahua	5	B1	San Juan	Los Ríos	4	D6
San Blas	Imbabura	1	D7	San Juan	Chimborazo	4	D8
San Carlos	Orellana	3	C5	San Juan	Azuay	6	D8
San Carlos	Los Ríos	4	B6	San Juan	Azuay	8	A6
San Carlos	Guayas	6	C6	San Juan Bosco	Morona S.	8	A7
San Carlos de las Minas	Zamora Ch.	8	D6	San Juan de Cerro Azul	El Oro	8	C3
San Carlos de Limón	Morona S.	8	B7	San Juan de Ilumán	Imbabura	2	A8
San Cristóbal	Azuay	6	D8	San Juan de La Virgen	Perú	8	C1
San Fco. de Chinimbimi	Morona S.	7	D2	San Juan de Muyuna	Napo	5	A3
San Fco. de Natabuela	Imbabura	1	D7	San Juan de Pastocalle	Cotopaxi	2	D7
San Fco. de Novillo	Manabí	2	C3	San Juan de Pastocalle	Cotopaxi	5	A1
San Fco. de Onzole	Esmeraldas	1	C4	San Lorenzo	Esmeraldas	1	A5
San Fco. de Sageo	Cañar	6	D8	San Lorenzo	Manabí	4	B1
San Fco. de Sigsipamba	Imbabura	3	A1	San Lorenzo	Bolívar	4	D7
San Fco. deChinimbimi	Morona S.	7	D2	San Lucas	Loja	8	C5
San Fco. del Vergel	Zamora Ch.	9	C5	San Luis	Chimborazo	4	D8
San Fernando	Tungurahua	8	B8	San Luis	Chimborazo	5	D1
San Fernando	Azuay	8	A5	San Luis de El Acho	Morona S.	7	D2
San Francisco	Esmeraldas	1	C1	San Luis de La Armenia	Orellana	3	C4
San Francisco de Borja	Napo	3	C1	San Luis de Pambil	Bolívar	4	B7
San Gabriel	Carchi	1	D8	San Martín de Puzhio	Azuay	8	A6
San Gerardo	Azuay	8	A5	San Mateo	Esmeraldas	1	C2
San Gerardo de Pacaicaguan	Chimborazo	5	D1	San Miguel	Bolívar	4	D7
San Gregorio	Esmeraldas	1	D1	San Miguel	Cañar	6	D8
San Isidro	Carchi	1	D7	San Miguel de Conchay	Morona S.	8	A7
San Isidro	Manabí	2	C2	San Miguel de Cuyes	Morona S.	8	B6
San Isidro	Morona S.	7	B2	San Miguel de			
San Isidro	El Oro	8	C2	los Bancos	Pichincha	2	B6
San Isidro de Patulú	Chimborazo	2	D8	San Miguel de			
San Jacinto	Guayas	4	D4	Salcedo	Cotopaxi	5	B1
San Jacinto	Perú	8	C1	San Miguelito	Tungurahua	5	B1
San Jacinto de Buena Fe	Los Ríos	4	A6	San Pablo	Imbabura	2	A8
San Jacinto de Wuakambeis	Morona S.	8	B7	San Pablo	Manabí	4	C2
San Jacinto de Yaguachi	Guayas	6	A5	San Pablo	Bolívar	4	D7
San Jacinto del Búa	Santo Domingo	2	B4	San Pablo	Bolívar	6	A7
San Javier Cachaví	Esmeraldas	1	B5	San Pablo (PuebloNuevo)	Manabí	4	B4
San Joaquín	Azuay	6	D7	San Pablo de Tenta	Loja	8	C4
San José	Pastaza	5	C3	San Pablo de Ushpayacu	Napo	5	A3
San José	El Oro	8	C3	San Pedro de la Bendita	Loja	8	D4
San José Chaltura	Imbabura	1	D7	San Pedro de los Cofanes	Sucumbíos	3	B5
San José de Ancón	Santa Elena	6	B1	San Pedro de los Incas	Perú	8	C1
San José de Andoas	Perú	7	D8	San Pedro de Suma	Manabí	2	C4
San José de Cayapas	Esmeraldas	1	C4	San Pedro de Vilcabamba	Loja	9	A5
San José de Chamanga	Esmeraldas	2	A2	San Plácido	Manabí	4	B3
San José de				San Rafael	Carchi	1	D8
				San Rafael	Imbabura	2	A8
				San Rafael de Sharug	Azuay	8	B4
				San Roque	Imbabura	2	A8

Nombre / Name	Provincia / Province	m	C	Nombre / Name	Provincia / Province	m	C
San Roque	Sucumbíos	3	C7	Sapillica	Perú	9	C2
San Roque	El Oro	8	C3	**Saquisilí**	Cotopaxi	4	A8
San Salvador de Cañaribamba	Loja	8	B4	**Saquisilí**	Cotopaxi	5	A1
San Sebastián	Manabí	4	B4	Saracay	El Oro	8	C2
San Sebastián	Bolívar	4	D7	**Saraguro**	Loja	8	C5
San Sebastián de Coca	Orellana	3	C4	Sarayacu	Pastaza	5	D4
San Sebastián de Yúlug	Azuay	8	B4	Sardinas	Napo	3	C1
San Sebastián del Coca	Orellana	3	C3	Sayausí	Azuay	6	D7
San Simón	Bolívar	4	D7	Seis de Julio de Cuellaje	Imbabura	1	D6
San Vicente	Manabí	2	D1	Selva Alegre	Esmeraldas	1	B5
San Vicente	Bolívar	4	D7	Selva Alegre	Imbabura	2	A7
San Vicente	Bolívar	6	A7	Selva Alegre	Loja	8	C4
San Vicente	Azuay	7	D1	Sevilla	Sucumbíos	3	A4
San Vicente de Huaticocha	Orellana	5	A4	Sevilla	Chimborazo	6	B8
San Vicente de Pusir	Carchi	1	D7	**Sevilla de Oro**	Azuay	6	D8
Sangay	Morona S.	5	D3	**Sevilla de Oro**	Azuay	7	D1
Sangillín	Loja	9	B4	Sevilla Don Bosco	Morona S.	7	B2
Sangolquí	Pichincha	2	C7	Shaglli	Azuay	8	A4
Santa Ana	Azuay	6	D8	Shell	Pastaza	5	C2
Santa Ana	Azuay	8	A6	Shell	Pastaza	5	C3
Santa Ana de Vuelta Larga	Manabí	4	B3	Shimpis	Morona S.	7	C2
Santa Bárbara	Sucumbíos	1	B8	**Shushufindi**	Sucumbíos	3	B5
Santa Cecilia	Sucumbíos	3	B4	Sibambe	Chimborazo	6	B8
Santa Clara	Pastaza	5	B3	Sidcay	Azuay	6	D7
SANTA ELENA	Santa Elena	6	B1	Siete de Julio	Sucumbíos	3	B5
Santa Elena	Sucumbíos	3	A7	Sigches	Perú	9	C3
Santa Fe	Bolívar	4	D7	**Sigchos**	Cotopaxi	2	D6
Santa Fe de Galán	Chimborazo	5	C1	**Sigsig**	Azuay	8	A6
Santa Isabel	Azuay	8	B4	Simiatug	Bolívar	4	B7
Santa Lucía	Guayas	4	D4	Simón B. (Julio Moreno)	Guayas	6	B3
Santa Lucía de Las Peñas	Esmeraldas	1	B4	Simón Bolívar	Azuay	8	A6
Santa María	No delimitado			**Simón Bolívar**	Guayas	6	A6
Santa María de Huirima	Orellana	3	D8	Simón Bolívar	Santa Elena	6	A2
Santa María de Toachi	Santo Domingo	2	D5	Simón Bolívar (Mushullacta)	Pastaza	5	D3
Santa Marianita	Manabí	4	A1	Sinaí	Morona S.	7	A3
Santa Martha de Cuba	Carchi	1	C8	Sinincay	Azuay	6	D7
Santa Rita	Esmeraldas	1	B5	Sinsao	El Oro	8	C3
Santa Rosa	Napo	3	C2	San Vicente de Huaticocha	Orellana	3	D3
Santa Rosa	Tungurahua	4	B8	Solano	Cañar	6	D8
Santa Rosa	Tungurahua	5	B1	**Sozoranga**	Loja	9	B3
Santa Rosa	El Oro	8	B2	Sta Susana de Chiviaza	Morona S.	7	D2
Santa Rosa de Cuzubamba	Pichincha	2	B8	Sta.Marianita de Jesús	Morona S.	7	C2
Santa Rosa de Flandes	Guayas	6	C5	Súa	Esmeraldas	1	C1
Santa Rosa de Sucumbíos	Sucumbíos	3	A4	**Sucre**	Manabí	4	B3
Santa Rufina	Loja	8	D3	Sucre	Tungurahua	5	B1
Santa Susana de Chiviaza	Morona S.	8	A8	**Sucúa**	Morona S.	7	C2
Santa Teresa	No delimitado			Sumaco	Napo	3	C2
Santa Teresita	Loja	9	C4	**Suscal**	Cañar	6	C7
Santiago	Bolívar	4	D7	Susudel	Azuay	8	B5
Santiago	Bolívar	6	A7	Suyo	Perú	9	B2
Santiago	Loja	8	D4	Tababela	Pichincha	2	B8
Santiago	Morona S.	8	A8	**Tabacundo**	Pichincha	2	B8
Santiago de Méndez	Morona S.	7	D2	Tabiazo	Esmeraldas	1	C2
Santiago de Pananza	Morona S.	8	A7	Tacamoros	Loja	9	B3
Santiago de Quito	Chimborazo	4	D8	Tachina	Esmeraldas	1	B2
Santo Domingo	Perú	9	D3	Taday	Cañar	6	C8
SANTO DOMINGO DE LOS TSACHILAS	Santo Domingo	2	C5	**Taisha**	Morona S.	7	B4
Santo Domingo de Onzole	Esmeraldas	1	C4	Talag (Shandia)	Napo	5	B3
				Tambillo	Esmeraldas	1	D2

Nombre / Name	Provincia / Province	m	C	Nombre / Name	Provincia / Province	m	C
Tambillo	Esmeraldas	1	A4	Utuana	Loja	9	B3
Tambillo	Pichincha	2	C7	Uyumbicho	Pichincha	2	C7
Tambo Grande	Perú	9	D1	Uzhcurrumi	El Oro	8	B3
Tanicuchí	Cotopaxi	5	A1	Vacas Galindo	Imbabura	2	A7
Taquil	Loja	8	D4	Valdez	Esmeraldas	1	A4
Taracoa	Orellana	3	D5	Valencia	Los Ríos	4	A6
Tarapoa	Sucumbios	3	B6	Valladolid	Zamora Ch.	9	C5
Tarifa	Guayas	6	A5	Valle	Azuay	6	D7
Tarqui	Pastaza	5	C3	Valle	Azuay	8	A5
Tarqui	Azuay	8	A5	Valle de la Virgen	Guayas	4	D3
Taura	Guayas	6	B5	Valle Hermoso	Santo Domingo	2	B5
Tayuza	Morona S.	7	D2	Valparaíso	Chimborazo	5	D1
Telembí	Esmeraldas	1	C4	Veintisiete de Abril	Loja	9	B4
Telimbela	Bolívar	4	D7	Velasco Ibarra			
TENA	Napo	5	A3	(El Empalme)	Guayas	4	B5
Tendales	El Oro	8	A3	Ventanas	Los Ríos	4	C6
Tenguel	Guayas	8	A3	Ventura	Cañar	6	B7
Teniente Hugo Ortiz	Pastaza	5	C3	Veracruz	Pastaza	5	C3
Teniente M. Rodríguez	Loja	9	A2	Vicentino	Loja	8	D2
Timbara	Zamora Ch.	8	D6	Viche	Esmeraldas	1	C2
Timbara	Zamora Ch.	8	D6	Victoria	El Oro	8	B3
Timbiré	Esmeraldas	1	B5	Victoria del Portete	Azuay	8	A5
Tingo	Cotopaxi	4	A7	Vientiocho de Mayo	Zamora Ch.	8	C6
Tiputini	Orellana	3	D5	Vilcabamba	Loja	9	B5
Tisaleo	Tungurahua	4	C8	Villa La Unión			
Tisaleo	Tungurahua	5	C1	(Cajabamba)	Chimborazo	4	D8
Tixán	Chimborazo	6	B8	Vinces	Los Ríos	4	C5
Toacaso	Cotopaxi	4	A8	Virgen de Fátima	Guayas	6	B5
Toacaso	Cotopaxi	5	A1	Vuelta Larga	Esmeraldas	1	B2
Toacazo	Cotopaxi	2	D7	Wilfrido Loor			
Tobar Donoso	Carchi	1	A6	Moreira,Maicito	Manabí	2	C4
Tocachi	Pichincha	2	B8	Yaguachi Viejo (Cone)	Guayas	6	B5
Tomebamba	Azuay	6	D8	Yamana	Loja	8	D3
Tomebamba	Azuay	7	D1	Yamana	Loja	9	A3
Tonchigüe	Esmeraldas	1	C1	Yanayacu	Tungurahua	4	C8
Tonsupa	Esmeraldas	1	C2	Yanayacu	Tungurahua	5	C1
Torata	El Oro	8	C2	Yangana	Loja	9	B5
Tosagua	Manabí	4	A3	Yantzaza (Yanzatza)	Zamora Ch.	8	D6
Totoras	Tungurahua	5	C1	Yaruquí	Pichincha	2	B8
Tres de Noviembre	Orellana	3	B5	Yasuní	Orellana	3	A8
Triunfo-Dorado	Zamora Ch.	8	D6	Yaupi	Morona S.	7	D3
Tufiño	Carchi	1	C8	Yunganza	Morona S.	7	D2
TULCAN	Carchi	1	C8	Zambi	Loja	8	D4
Tululbí	Esmeraldas	1	A5	Zámbiza	Pichincha	2	B7
Tumbabiro	Imbabura	1	D7	**ZAMORA**	Zamora Ch.	9	A5
Tumbaco	Pichincha	2	C8	Zapallo	Manabí	2	C2
TUMBEZ	Perú	8	C1	Zapotal	Los Ríos	4	C6
Tundayme	Zamora Ch.	8	C7	Zapotillo	Loja	9	B1
Tupigachi	Pichincha	2	A8	Zaruma	El Oro	8	C3
Turi	Azuay	6	D7	Zarumilla	Perú	8	C1
Turi	Azuay	8	A5	Zhidmad	Azuay	8	D8
Turupamba	Cañar	6	D8	Zhidmad	Azuay	8	D6
Tutupali	Zamora Ch.	8	C6	Zhud	Cañar	6	C7
Tuutinentza	Morona S.	7	C4	Zumba	Zamora Ch.	9	D5
Ulba	Tungurahua	5	C1	Zumbahua	Cotopaxi	4	A8
Unamuncho	Tungurahua	5	B1	Zumbi	Zamora Ch.	8	D6
Unión Milagreña	Orellana	3	C5	Zumbi	Zamora Ch.	8	D6
Urbina	Esmeraldas	1	B5	Zuña (Zuñac)	Morona S.	7	B2
Urbina (Taya)	Carchi	1	C8	Zurmi	Zamora Ch.	9	A6
Urcuquí	Imbabura	1	D7				
Urdaneta	Loja	8	C5				